日本文化史講義

大隅和雄

吉川弘文館

目　次

I　日本の文化と思想

はじめに

この講義は、「日本の文化と思想」という題になっている。中学校では歴史の授業があり、高等学校では選択科目に「日本史」があるが、「日本文化」という科目は置かれていない。大学でも、「日本文化史」「日本文化論」などが開講されている例は少なく、最近のカリキュラムの改革の中で増えてはきたものの、その内容は担当者の専攻によってまちまちである。

日本の大学であるから、日本文化について専門的に学ぶことのできる学科があって当然と思うが、近代百年の間、国文学・日本文学科と国史・日本史学科がその役割を負ってきただけで、日本美術史を学べる大学は多くはないし、日本の音楽や演劇になると、そういう学科を置いている大学は極めて少ないのが現状であろう。

ただ、先駆的な歴史学者・哲学者の研究に啓発されて、ここ半世紀の間に、日本思想史という研究分野が開かれ、思想史の研究に携わる研究者が増え、活発な論議が行われるようになった。「思想」は「文化」の中に含まれると考えられるが、この講義の題を「日本の文化と思想」としたのは、そうした事情を考えて、文化の基底にある思想を読み取ることを考えたためである。

日本の文化は、基層文化の上に、中国の長い時代にわたるさまざまな文化と、インドで生まれた仏教とを受容して行く中で形成された。ただ、改めて考えてみると、基層文化というものも、大陸文化の伝播の中で形成されたものであり、基層文化と外来文化の関係を簡単に考えるわけにはいかない。大陸の周縁部にあった日本はいつの時代でも、基層文化と先進的な外来文化とが出合う場であったから、そこで形成される文化は、重層的な性格を持つことになった。その上、一六世紀末にはヨーロッパの文化が伝えられ、一九世紀の後半以降、急激な西欧化がつづいて現代に至っている。

この講義は、統一国家が形成されはじめた時代から始めて、先土器、縄文・弥生の時代の文化は取り上げていないが、六世紀から現代までの文化史を辿ることも、中世の日本史を専攻している私の能力では甚だしく無謀なことであり、一五回という時間では至難のわざである。重要であるにもかかわらず、取り上げることのできなかった問題も多く、新しい研究成果に学ぶことを怠ったままの説明も少なくないと思うが、この講義を契機に、日本文化の複雑な性格と豊かな内容について考えていただければ幸いである。

1 日本文化の見方

文化の概念

　近年、国際交流が活発になって、多くの日本人が海外に出かけ、旅行者としてではなく、外国に住んで活動する人も増えてきた。短期間の旅行の場合には、名所旧跡を訪ねる観光に終わってしまうことが多いが、外国で見聞したことをよく考えてみると、その背後に日本とは違う文化があることに気づくであろうし、ある期間外国で生活をしてみると、外国人の生き方とそれを支えている社会のことに思いを致さざるをえなくなり、カルチャー・ショックを受けたとか、異文化を体験したといったりすることになる。日本人が外国に出て行くだけでなく、日本に来て働く外国人も増えて、生活のスタイルやものの考え方の違いから、相互に違和感を持つようになり、種々の対立葛藤を生ずることも多く、それを文化摩擦といったりする。

　そういう場合の「文化」ということばは、広く社会制度や風俗習慣、個々の人間に関していえば、行動様式やそれを支えている価値観などを指しており、「社会」ということばに置き替えることが可能である。「文化」とは、人間が自然の状態から脱する過程で生み出してきたもの、「自然」にはたらきかけて生産したものであるとすれば、社会とその制度は、まさしく文化そのものということができる。日本でも、ここ半世紀の間に多くの人々に関心を持たれるようになった文化人類学は、広い意味の文化を研究することによって人間の特質を明らかにしようとしている。

しかし、近代のヨーロッパでは、人間は理性を持つ生き物であると考えられ、人間だけに与えられた理性に基づく精神活動の所産を、文化ということばで表してきた。欧米の文化ということばは、耕すということばとつながりのあることばで、英語でいえばカルチャーということばを、文化と訳したわけであるが、特に宗教・思想・芸術などを指すことばとして使われている。また、文化の中で、技術的、物質的なものに関わるものを「文明」と呼んで、狭い意味の文化と区別することもあり、広い意味での「文化史」を「文明史」ということもある。

したがって、一般に「文化史」といえば、文学・絵画・彫刻・音楽・舞踊など、われわれが享受し、鑑賞するものの歴史であると考えられているが、この講義では、古典的な文学作品の内容を解説し、絵画や彫刻などのすぐれた作品を鑑賞し、音楽や舞踊などを復元してその特色を考えたりするのではなく、日本人が生み出した狭義の文化の展開を中心にしながら、そうした文化が、広い意味での文化とどのような関係を持っているかを見ていくことを主題にしたい。

「思想」は、その捉え方も多様で、思想家とその著述を手がかりにして捉えることのできる体系的な思想をいう場合から、民衆の生き方を支えている道徳や信仰な

文　化	文物教化	文治教化
cultus	cultivate	
cultura	culture kultur	文化
civis	civilization	文明

1　文化ということば

どを重視する立場まで、さまざまな見方があるが、ここでは、思想というものを、狭い意味での文化を支え、広い意味での文化に関連させている面で取り上げていくことにしたい。

日本文化の環境

日本の文化の特質を考える上で、その自然環境は極めて重要な意味を持っている。日本の国土は、南北に伸びる列島からなっており、寒冷な東北・北海道から亜熱帯の九州・沖縄まで多様性を持ち、それぞれの地域が、豊かな四季の変化に彩られている。国土の大部分は山と森林で、広い平野は少なく、山から海に流れ込む河川の流れは速くて、季節によっては、交通も容易ではなかった。

人々は、河川の流域に広がる平地と山間の盆地に集住し、全体に土地の利用率は低い。農業の基本は水稲の栽培であるが、複雑な地形と水利によって、水田は千変万化のあり方をしており、農業はさまざまな技術を必要とする。いわゆるモンスーン地帯に生きる日本人は雨と風の影響を受け、水田の耕作のために雨が少なければ雨乞い、多ければ止雨の祈りをし、稲の風媒のために風を祈り、高温多湿の自然の中で害をなす虫とたたかいながら生きてきた。

雨の多い日本では、野外で行われる祭儀が、天候のために妨げられることが多く、時代が下るとともに、祭礼や行事を屋内で行うことが多くなった。広々とした野外で行う壮大な儀式が発展せず、堂内の儀式は限られた人々の秘事となっていき、狭い室内の文化が特殊な発展を見せることになったのも、自然環境の反映である。

それはともかく、日本には、水田の耕作を主とする農民のほかに、海や川で漁をし、海藻を採取し、塩を作る河海の民があり、山で木材の加工をする山の民も少なくなかった。日本の社会は、複雑な自然環境の中で、さまざまな生業に従事する人々によって成り立っていたので、そこには、多様な宗教、生活習慣、技術が重層的に積み重なっており、そこで生み出された文化を、単線的な歴史にまとめることは不可能に近く、十数回の講義でその概要を説明することは容易ではない。

日本文化の環境として、もう一つ挙げておきたいのは、大陸の周辺にある日本列島の位置である。日本列島の西側には、高度な文化を発達させた中国があり、中国の国土から日本列島の方に突き出る形の朝鮮があった。日本は朝鮮を介して大陸の文化に接し、中国の江南の地方と交渉を持つこともあったが、日本とそれらの国々との距離は、大きな意味を持つことになった。

日本と大陸との間の海は、日本人が渡り、大陸から人々が渡来するのを困難にするほどの距離ではなかったが、九州と朝鮮の間を流れる海流は速く、技術的に未熟な小舟の往来は簡単ではなかった。したがって、日本と大陸との往来は、比較的安全な船を建造し、さまざまな準備を整えることのできる権力者の手に握られることになった。権力者は、高度な外来文化を受け入れていることを、権威として誇示し、国内を支配するようになった。

仮に、日本列島が大陸にもう少し近かったならば、日本は圧倒的な中国文化の力によって、中国文化の国になっていたと考えられる。そして、その反対に日本が大陸からもう少し遠ければ、国家の統一も漢字の受容も、もっとのちの時代のこととなり、日本の文化の成立と発展は、まったく別の道を辿ったであろうと考えられる。

高度な先進文化が洪水のように日本に流れ込んでいたら、日本の基層文化は、氾濫する中国文化によって、跡も止めないように押し流されてしまったであろう。支配者は、権威の源泉となった外来文化を、徐々に民間に広めていくことによって、自身の権威を維持することができたが、そのためには、継続的により新しく、高度な文化の摂取をつづけなければならなかった。律令の編纂も国史の修史も、中国古典の学習も、漢字漢文の日本的な読み方・書き方、さらに平安時代の国文学の世界もすべてが、日本と大陸との間の距離に由来する微妙な関係の上に成り立っていたのである。

基層文化と外来文化

地理的な環境から見て、日本列島における文化の形成は、中国で発達した文化の伝播の中で行われたから、日本文化史は、外来文化の摂取の歴史でもあった。断続的に外来文化が伝えられる中で、隋・唐の文化、宋の文化、元・明の文化、南蛮文化、清の文化、欧米の文化の摂取が、文化史を画する峰を形成している。

しかし、日本人は漢字を用い、漢語と漢文によって思考と記述をしながらも、日本に固有の文化があると主張した。東アジアの文化圏の中では、中国の文化が普遍的な価値を持つと考えられ、さらに、仏教も普遍的な教えであると思われていたから、日本に固有の文化があると主張するためには、日本の特殊性を強調することになろう。

固有で、特殊な日本文化を捉えるために、日本人は一貫して、日本文化の中にある外来文化を明確にし、それを取り除いていくと、固有な文化が見えてくるに違いないと考えつづけた。そうした思考は、早く『古事記』や『日本書紀』の中でも顕著に表れており、のちにその方向を突き詰めたのが国学（こくがく）であった。外来文化の中核をなしているのは、儒教文化と仏教文化であったから、儒教と仏教に対抗して、神祇（じんぎ）信仰に基づく神道文化を立て、儒教と仏教と神道の三つの関係、組み合わせの変化で日本文化史を説明しようとすることになる。

外来文化の外皮を剝がしていくことによって、日本の固有文化を明らかにすることができると考えた国学者は、儒教的なものを取り除き、仏教的なものを排除することに力を注いだが、その中で稲作を中心として形成された文化を、日本固有の文化であると考えた。しかし、歴史学・考古学の研究が進むにつれて、稲作や青銅器・鉄器文化の伝播が解明され始めると、それも外来文化であることが明らかになってきた。外来文化を取り除いて固有文化に遡ろうとする伝統的な志向は、現在では日本人の関心を縄文時代に向かわせている。

欧米文化
南蛮・紅毛文化
仏教文化（仏国土）
中国文化（漢字・国制・詩文）
基層文化（神道・民俗）

2　基層文化と外来文化

文化史	時代精神・思想・比較文化
文学史	和歌・物語・説話など，美的理念
思想史	哲学・倫理・政治・経済
宗教史	仏教・神道・民間信仰
美術史	絵画・彫刻・工芸・建築
芸能史	音楽・演劇・芸能・民俗

3　文化史の研究

普遍と特殊、外来と固有という視点で日本文化を見ることは、日本文化の解体をどこまでもつづけていくことになるわけで、研究の進展とともに問題が複雑になるばかりなので、近年は、外来文化と基層文化といういい方が一般になった。不断に外来文化を摂取することによって形成されてきた日本文化は、それぞれの時代に前の時代までの文化を基盤として新しい文化を摂取したわけで、重層的な構造を持つ基層文化を、神祇信仰や神道思想だけで考える視点は、有効ではないと考えられるようになった。

文化史の諸分野

文化史は一般に、思想や学問、宗教・文学・美術・芸能などの分野に分けて説明される。例えば、高等学校の日本史の教科書を見ると、全体を原始・古代・中世・近世・近代・現代に区分した後、それぞれの時代を、政治・外交・社会・経済・文化という五つの項目に分けて説明するのが一般である。五つの項目の説明を時代の数だけ、重ねていくわけであるが、その中で、文化の部分を見ると、学問・思想・宗教・文学・絵画・彫刻・建築・芸能・風俗というような細目が立てられているのに気づくであろう。文化史のこうした説明もまた、時代の数だけ繰り返されることになる。

ところが、実際に文化の歴史を見ていくと、どの時代にも、各細目が整然と轡を並べて前進しているわけではなく、時代によってほとんど目立たない項目があることに気づくであろう。例えば彫刻という細目は、古代の前期にすぐれた作品を残しており、中世の前期にも古代を彷彿とさせる作品を生んだが、近世には目立たない細目になってしまった。そういうことに注意して見ると、文化史を構成しているさまざまな細目の中で、ある時代に先頭に立ったものが、時代が変わると後方に退くことが少なくない。

また、平安時代の中期に、文化史の中で新しいものを創造したのは文学であり、その文学の背景に宗教があったが、社会の変化に伴って現れた芸能が、新しいものを表現するようになる。こうして、新しいものが文学・宗教・芸能に現れてくると、鎌倉時代の前期になって、そうした動向の背後にある人間そのものへの関心へと深まり、新しい仏教の思想が生まれた。

もう一つの例を挙げると、近世の初頭、中世的な世界を脱する上で、最前線に出たのは自由奔放な精神を表現する芸能であり、豪放な城郭建築とその内部を飾った紺碧障壁画（こんぺきしょうへきが）が、新しい時代の精神を明確に表すものとして出現した。新しいものをつぎつぎに生み出した文化の動きは、それが一定の段階に達した時、伝統的な文化とのつながりを確認する寛永時代の美術・建築を生み、元禄時代に入ると文化史の主要な分野は文学に移り、新しい人間像が描き出されるようになった。しかし、文学が一斉に開花してすぐれた作品をつぎつぎに生み出した時代は永くはつづかず、享保時代に入ると社会の制度を支える思想へと関心が

ことば	文学・思想
かたち	絵画・彫刻・建造物
からだ	歌・舞踊

4　文化の諸分野

移って、思想家が目ざましい活動を見せるようになる。

文化史を眺めていくと、時代によって先頭を切って新しいものを生み出して行く分野がつぎつぎに交代していることに気づくが、その理由を考え、文化というものの本質を考えるのも、文化史の課題である。

西暦	一般的な時代	文化の担い手	美術史	文学史
500(年)		貴族	飛鳥	古代
			白鳳	
	奈良		天平	
	平安		弘仁	
1000			貞観	中古
			藤原	
	鎌倉	武士	鎌倉	中世
	室町		北山	
1500			東山	近世
	江戸		桃山	
			寛永	
		町人	元禄	
			化政	
	明治	庶民		近代
	大正			
2000	昭和			

5　文化史の時代区分

文化史の時代区分

日本史の時代区分として広く受け入れられているのは、政治のあり方の変化を基本にし、政権の所在地を時代の名とする、奈良時代・平安時代・鎌倉時代・室町時代・江戸時代という区分である。また、文化は一つの時代を総合的に表しているものと考えて、貴族文化・武家文化・町人文化・市民文化などの時代という区分をし、貴族文化が成立する前の時代も、旧石器文化・縄文文化・弥生文化・古墳文化の時代というういい方をする。

文化史のさまざまな分野の中で、美術史の分野では、技法や様式の変遷を具体的に挙げていくことができるので、時代区分の指標とされることが多かった。飛鳥時代・白鳳時代というのは、仏像の様式の変化から出た時代区分で、美術作品に時代の傾向を代表させて、天平時代・弘仁貞観時代・藤原時代・鎌倉時代・北山時代・東山時代・桃山時代といった区分が行われている。美術史のほかに、文学史・仏教史なども、それぞれの時代区分を立てていることはいうまでもない。

以上に概観した日本の文化を、以下2「神々の祭りと日本神話」は神祇信仰と神話について、3「仏教の伝来と受容」は仏教の伝来と初期の仏教、4「律令制度と官人の学問」は中国文化の受容について、5「かな文字の成立と国文学」は日本的な文化の自覚について、6「仏教の日本化と庶民への浸透」は日本仏教の展開、7「公家と武家の文化」は中世文化の世界、8「芸能の成熟」は日本の芸能の達成について、9「儒学とその日本化」は近世における体制の思想、10「国学と洋学」は新しい学問の動向、11「町人文化とその思想」は近世文化の多様な世界について、12「知識人と西欧の思想」は日本の近代化を支えた思想のあり方、13「日本中心の思想」は12で取り上げた流れと並ぶ思想の系譜について、14「近代日本の諸宗教」は12・13の基底をなす日本人の信心信仰、15「国際社会における日本文化」では日本文化の課題を挙げた。

全体は、一四回の主題を立てて、時代の順に解説した日本文化史の形になっている。

2 神々の祭りと日本神話

祭祀の遺跡と遺物

日本の文化と思想について、その歴史を辿っていくに際して、まずはじめに、日本人が自分たちの生活とそれを律しているものをどのように認識し、自分たちの生活圏をどのように見ていたのかを考えてみることにしたい。

日本人が、自分たちの生活のありさまを文字に記すようになるのは、六世紀の後半からのことであり、それ以前のことは、考古学的な遺物を手がかりにして、考えていかなければならない。ここ三、四〇年の間、日本の各地で開発が進み、道路が造られ、工場の敷地や住宅団地の造成がつづき、その中でつぎつぎに遺跡が発見された。開発を追うようにして調査が行われる中で、発掘の技術が進歩し、遺跡や遺物の比較研究が進むにしたがって、考古学研究から得られる情報は多面的になり、詳細かつ正確なものになってきた。

青森県青森市の三内丸山遺跡は、江戸時代からその存在を知られた遺跡であったが、一九七三年(昭和四十八)に発掘が始まり、一九九二年(平成四)以来の大規模な調査の結果、三五ヘクタールに及ぶ広い地域に、縄文時代前・中期の集落が広がっていたことが明らかになった。その規模と多彩な遺

6　大湯環状列石（秋田県鹿角市）

7　銅鐸（東京国立博物館蔵）

物から、縄文時代の文化が、従来想像されていたものよりも、多彩で豊かなものであったと考えられるようになった。

　縄文時代の文化と思想を考える手がかりになるものとして、一般に取り上げられてきたものを見ていくと、まず環状列石がある。秋田県鹿角市十和田大湯の遺跡はその代表的なものとして知られるが、縄文後期の墓地の施設であると考えられ、その時代の祭祀の規模などを想像させる。また、貝塚の精密な調査によって、縄文時代の食生活が解明され、人骨、土製や貝の装身具などから、生活の状態を知ることができるが、特異な形をした土偶や、動物をかたどった土製品は、縄文時代の人々の、祭祀や呪術について、さまざまなことを考えさせる。

　弥生時代に入ると、縄文晩期に始まっていた水稲農耕が重要な役割を持つようになり、金属器が伝えられて、社会の発展が加速された。青銅で造られた鏡・剣・銅鐸（どうたく）などの祭祀の遺物が大量に出土する。鏡は、人間の目に見えない神が宿る依代（よりしろ）として、剣は、邪悪なものを祓う力のしるしとして、銅鐸は、音を

8　甕　棺
（福岡県馬渡・束ヶ浦遺跡）

出す重要な祭具として重んじられたと考えられる。葬法も変化し、二つの大型の甕を合わせ、その中に遺体を収める甕棺の葬法も行われ、副葬品を納めることも始まった。

石器の時代から青銅器の時代に移り、長い青銅器時代を経てさらに進んだ鉄器時代に入るのが世界史の流れであるが、日本に青銅器が伝えられたころ、すでに中国では鉄器が普及していたために、日本の青銅器文化は、特殊な祭具を生み出しはしたが、原始的なものを止揚していく長い成熟の時期を経ないで、鉄器時代の文化と重なってしまった。そのことが、日本文化の中に原始的なものを潜在させつづけた理由の一つであると考えられる。

日本神話

日本に中国の文字が伝わって何世紀もの時が過ぎ、ようやく七世紀になって、さまざまな伝承を文字で表記することが始まった。今は伝わらないが、聖徳太子は、天皇記・国記・臣連伴造国造などの本紀の編纂を進めたといい、天武天皇の時に、帝紀と旧辞の編纂が始まったと伝えられるが、そうした前史を経て八世紀の初めに、『古事記』と『日本書紀』がまとめられた。

『古事記』は、稗田阿礼が伝承していた物語を、太安万侶が筆録して七一二年（和銅五）に完成させた書であり、『日本書紀』は、舎人親王（とねりのしんのう）が中心になって編纂した国家の正史で、七二〇年（養老四）に完成した。『古事記』は、漢字を表音文字として用いることによって、神話伝説を記録しており、『日本書紀』は、漢文を基本とする編年体で書かれているが、全三〇巻の冒頭の二巻を「神代」上・下として、神話の記述にあてている。日本神話は、『古事記』と『日本書紀』に書かれているものが、中心となっているので、一般に記紀神話とも呼ばれている。

記紀の神話は、春になって湿潤な低地の水の中から、天を突き刺すような鋭い葦の芽が現れる動きに、万物生成の根源を見出して、天地開闢（かいびゃく）を語るところから始まる。葦の芽一つ一つに神が宿っていて、つぎつぎに出現する神々の中に、イザナキ・イザナミの男女の神が現れ、日本の国土と、国土を形成するさまざまなものを生む。

世界は、神々が住む天上の国のタカマガハラと、地上のアシハラの中つ国、さらに死者のいく地下のヨミの国から成っていると考えられ、タカマガハラの主神であるアマテラスが、地上の中つ国に、直系の子孫ヒコホニニギを派遣して統治させることになる。地上に降った神は、三代の間日向（ひゅうが）の国を治め、四代目に現れたイワレヒコが、瀬戸内海を東に進んで、大和の地に入って天皇の位につき、橿原を都としたことで日本の国が作られていくことになる。

記紀神話は、タカマガハラ系の国家生成の神話を軸に、スサノオやオオクニヌシが活躍するイズモ系の神話が組み込まれることで成り立っているが、記紀のほかに『古語拾遺（こごしゅうい）』や『風土記（ふどき）』などに収められた神話を加えた日本神話は、古墳時代以来の日本人の文化を総合的に伝えるものと考えられる。

『古事記』『日本書紀』は、律令国家の形成期に成立したものであるから、統一国家の形成に向かう当時の政治的な動きを背景にして、記述編纂されたものであることはいうまでもない。しかし、表意文字である中国の文字を借りたことから起こった重層的な表現や、政治的な意図による改変を重ねられた記紀神話の中に日本の文化と思想の原型を見出すことは不可能ではなく、日本神話は、日本の文化史・思想史の貴重な史料であるといわねばならない。また、八世紀という時代に、自分たちの神話を首尾一貫したものとして文字に記録した国と民族は世界で多くはないが、それを可能にした文化史の条件を考えてみることも課題として浮かび上がってくる。

祭りの構造

神話は神々の物語であるが、日本人は生活の節目ごとに神々を祭り、神々の力によって福を招き、災を除こうとした。祭りを主宰する人が集団の指導者となり、集団を維持するために必要なことは、祭りの中で決められ、人々に受け入れられた。

祭りは、日本人の生活と深く結びついていたが、記紀の神話の中にある、天の岩屋戸の段は、祭りの基本を伝えるものと考えることができよう。

タカマガハラの主神であるアマテラスは、供の女とともに神に捧げる衣を織っていたが、粗暴な弟のスサノオが、機屋(はたや)に皮を剥がれた馬を投げ込んだために、機を織る仕事が穢されたことを怒って、岩屋に閉じ籠もってしまった。アマテラスが隠れると世界は暗黒になり、邪悪なものが蔓延した。途方に暮れたタカマガハラの神々は、広場に集まって、アマテラスを岩屋から誘い出す計略を協議する。相談がまとまると、神々はそれぞれの役割にしたがって、計画の実行に移った。まず、神々が集まる場を清めて、中心に伐り出した木を立てる。優れた技を持つ神が作り上げた玉や鏡を、木の枝に懸けて神を迎える。降りてきた神は行事の間、その玉や鏡に依りついていて、木の柱の周りに集まった神々とともに、賑やかな宴会に加わって、酒食をともにする。宴もたけなわなころ、岩屋の前に伏せた大きな桶の上で、あられもない姿をしたアメノウズメが踊り出し、拍手喝采を浴びる。あまりの騒ぎに、アマテラスが外を覗いてみようとした機を逃さず、待機していた強力のタヂカラオが、アマテラスの手を取って岩屋の外に引き出すと、世界は明るさを取り戻し、タカマガハラは平常に戻った。

9　栂尾神楽（宮崎県椎葉村）

この天の岩屋戸の段にある通り、祭りは、祭りのために清められた場で、神々の時間である夜に行われる。祭りのたびに神が迎えられるが、神は高い木や大きな岩などに降りてくると信じられ、木や岩に懸けられた玉や鏡などに依りつくと考えられていた。神が来臨すると、祭りの場に集まった人々は、祭りのために醸した酒や調理した食物を神に捧げ、神とともに宴を開く。来臨した神は、神楽（かぐら）によって神の世界を人々に見せるが、時代が下るにつれて、人々が神をもてなすために歌い踊る芸能を神楽というようになった。人々は、豊かな稔りや病魔の退散などさまざまな願いの実現のために、神のための饗宴に趣向を凝らすが、やがて宴が終わると、帰っていく神を送り、祭りの場の清めを解いて、日常の生活に戻る。

祭りは、招かれる神によってさまざまな形態をとり、時代とともに変化したが、基本的なものは現代に伝えられている。神に供える神酒（みき）と御饌（みけ）は、古来の伝統を守って捧げられているものが少なくないし、神楽は伝統的な芸能の源流をなすものとして、各地に伝えられている。

神体と神社

神々はどこにもあり、どんな所にも現れると信じられていたが、人間はその姿形を見ることはできないものとされていた。人々は、目に見えない神が宿り、依りつく玉や鏡などを神体として祭ったが、神体は山や川、滝や泉である例も多く、木や岩、武器や楽器、虹や雷などの自然現象などを神体とすることも少なくなかった。

神々は、祭りのたびに迎えられ、送られていたが、仏教が伝来すると、神秘的な姿形をした仏像を拝み、仏像を安置するための堂舎の建立が盛んになったので、その影響を受けて神々のために神殿が建てられるようになり、神殿を中心とした神社の境内が整えられると、そこで行われる祭りも、時代とともに変化していくことになった。

神殿の形式は、穀物を納める倉の形をした伊勢神宮と、住居の形をとった出雲大社と、二つの形式があるとされている。後の時代の神社も含めて一般に神社は、神体を祭る本殿と、本殿に祭られる神を拝む場所として本殿の前に建てられる拝殿、神に捧げる神楽を演ずる神楽殿、神の衣などを納める宝殿、神に供える御饌を調理する御饌殿、神を拝む人が身体を清める御手洗、それに、神社の中心部分を囲む玉垣、瑞籬などと呼ばれる垣根などから成っているが、諸社の中で最も古いといわれている、奈良県の大神神社は、三輪山を神体として本殿を持たず、那智滝を神体とする和歌山県の熊野那智大社にも本殿がないのをはじめ、さまざまな形の神社が

10　伊勢神宮新旧正殿（昭和48年遷宮時）

11　出雲大社本殿

12　大神神社拝殿と三輪山

ある。

寺院が屋根を瓦で葺き、瓦の重さに耐えるような太い柱と、柱を支える礎石や基壇が築かれているのに比して、神社の建築は古式を伝えて、屋根は茅や檜の皮で葺かれ、柱も礎石なしで土中に建てられるのが本来の姿であったために、二〇年、三〇年、五〇年といった期間を定めて、神殿を建て替え、神体を遷すことが多い。伊勢神宮では、二〇年ごとに遷宮祭（せんくうさい）が行われ、二つの敷地が用意されていて交互に神殿が移動する。仏教が伝わり寺院が盛んに建てられるようになっても、神社の建築は、伝統的な文化を伝えてきた。

神祇官の制度

律令国家は、神祇（じんぎ）の祭祀を重んじていたので、隋・唐の令制にはない神祇官を、太政官と並立する形で置いていた。神祇官の実質的な規模は、太政官の下に置かれた八つの省と同程度であったが、それを省とはせずに太政官と並べる形にしたところに、日本の律令制度の理念が表れている。神祇官の長官は、神祇伯（はく）といい、次官を大・少副（ふく）、判官を大・少祐（ゆう）、主典を大・少史（し）といった。また神部（かんべ）、卜部（うらべ）などの神職が神祇官に属しており、国家や宮廷の祭祀を行っていた。

神祇官に係わることを定めた神祇令は、神祇官が行うべきこととして、二月の祈年（としごい）、三月の鎮花（はなしずめ）、四月の神衣（かんみそ）・大忌（おおいみ）・三枝（さえぐさ）・風神（かざかみ）、六月の月次（つきなみ）・鎮火（ほしずめ）・道饗（みちあえ）、七月の大忌・風神、九月の神衣・神嘗（かんなめ）、十一月の相嘗（あいなめ）・鎮魂（たましずめ）・大嘗（だいじょう）、十二月の月次・鎮火・道饗という、年間一九の祭りを挙げ、さらに、天皇の即位儀礼を司ることを記し、その細かな内容を説明している。

数多くの神社の中で、神祇官が幣帛（へいはく）を奉る神社を官幣社（かんぺいしゃ）といい、国司が奉る神社を国幣社（こくへいしゃ）といった。早い時代の神社の名帳は伝わっていないが、『延喜式（えんぎしき）』の巻九、十の二巻は、「神名」上・下となっていて、「神名帳（しんめいちょう）」の名で知られ、神祇官が把握している全国の神社が列記されている。「神名」の冒頭には、「天神地祇総べて三千一百三十二座、社二千八百六十一所、前二百七十一座」とあり、平安時代の中期に、国家が祭っていた神と、神社の数が記されている。神社は、四九二の大社と二六三〇の小社、宮中に祭られている三六座の神に分けられ、国ごとに記されているが、後世、「神名帳」に記されている神社は「式内社（しきないしゃ）」と呼ばれ、由緒正しく格式の高い神社として重んじられた。

朝廷は、春日神社の健御賀豆智命（たけみかずちのみこと）・伊波比主命（いわいぬしのみこと）の両神に正一位を授けたり、全国の諸神を正六位に叙するなどしたが、時に応じて神々に神階を奉った。そうしたことに天皇と神との関係、日本人の神に対する観念の一端が表れているといえよう。

律令の「職員令（しきいんりょう）」は、国司のつとめの第一に、国内の神社の祭りを行うことを挙げている。土地の神々を祭ることは、任国を治めていくための基礎であった。国内の神社は、由緒格式によって序列が整えられ、平安時代に入ると一の宮・二の宮・三の宮などの呼び方が生まれたが、国司が参詣して幣帛を奉る順序もそれによるようになり、平安時代中期には、格の高い神社の奉幣だけであとは省略されることも多くなった。

また、荘園制の発達に伴って、本所の神を荘園内に勧請することが盛んになり、各地に神社が建てられたが、国内・郡内の神々を勧請して一社に祭る神社を総社というようになり、平安時代中期以降、各地に総社が建てられた。鎌倉幕府は『貞永式目』で神社を崇敬すべきことを説いているが、神社とその祭りは、日本の歴史を通じて多面的な役割を果たした。

3 仏教の伝来と受容

仏教とその伝播

仏教が、日本の文化と思想に深い関係を持ち、大きな影響を与えてきたことは、改めていうまでもないことであろう。しかし、日本に伝えられた仏教は、釈迦がインドで説いた時から千年という長い年月を経て、さまざまな民族の間で受け継がれてきたものであった。したがって、六世紀の半ばに伝えられた仏教が、いかなるものであったか、日本人がその仏教をどのように受け入れたのかを考えるのは、容易なことではない。

仏教は、紀元前四六三年から三八三年ごろ（諸説があってはっきりしない）に生きた釈迦が、長い修行を経て悟った真理を、人々に伝えようとしたことから始まった。釈迦は、弟子たちとともに、ガンジス河の中流域を移動しながら伝道をつづけたが、その時代から釈迦入滅百年ごろまでの仏教を、一般に原始仏教と呼んでいる。紀元前三世紀に、インドを統一したアショーカ王（阿育王）は深く仏教に帰依（きえ）し、仏教を世界に広めようとしたが、その時代以降、釈迦の教えの解釈と実践の方法をめぐっていくつもの学派が生まれ、論議が盛んになった。その時代の仏教は、部派（ぶは）仏教と呼ばれている。

釈迦	
(B.C. 463-383)	
原始仏教	
部派仏教 →	インド南方
大乗仏教 →	中国

13　仏教の展開

部派仏教は、煩瑣な哲学思想や、細かな戒律を生み出し、民衆にとって近寄り難いものになっていったので、選ばれた人々しか救えない教えに対する批判が起こり、広く平等な救いを説く大乗仏教が起こった。改革された仏教は、人を選ばず大きな乗り物に乗せて救いの彼方へ導いていく仏教という意味で大乗仏教と呼ばれ、大乗仏教を受け入れた人々は、部派仏教のことを、小さな乗り物で選ばれた人しか救えない小乗仏教であるといった。

やがて、仏教はインドから周囲の国々へと広まっていったが、インドからスリランカへ、さらにミャンマー、ベトナム、インドネシアへと伝えられた仏教は部派仏教の系統を引き、南伝仏教と呼ばれ、インドからシルクロードにあった国々を経て中国に伝わった仏教は、大乗仏教の流れを汲み、北伝仏教と呼ばれている。北伝の仏教が中国に伝わったのは、紀元前一世紀、前漢の末のことであり、晋・南北朝の時代に中国から朝鮮の国々に伝えられ、百済から日本に伝えられることになった。もう一つ、七世紀になってインドで新しい仏教が起こり、チベットやインドネシア、中国、日本に伝えられた。タントラの名で知られる仏教がそれで、金剛乗仏教とも呼ばれている。

仏教が伝わった時、すでに高度な文化を持っていた中国では、サンスクリット語、パーリ語などのインドのことばで書かれた仏教の経論を、中国語に翻訳する事業が始まった。仏典の漢訳は、世界の文化伝播の歴史の中でも最大級の事業の一つであり、インド・西域・中国の僧の数世紀にわたる共同作業によって進められ、膨大な量の漢訳仏典が積み重ねられていった。中国の周辺の国の仏教は、漢訳仏典を基本とし、漢訳仏典の解読と読誦が、仏教の研修の基本とされた。日本でも、仏教の「お経」は、すべて漢訳仏典であり、仏典の日本語訳が行われるようになったのは、二〇世紀に入ってからのことである。

日本への伝来

後漢が滅びた後、中国は、魏(ぎ)・晋(しん)を経て南北朝時代に入ったが、北朝の国々の仏教は、強力な王権の下に管理統制されることが多かったのに対して、南朝の国々の仏教は、王権に対して高い権威を持ち、南北で異なるあり方をしていた。

中国に広まった仏教は、東晋の時代の三七二年に高句麗に伝わり、三八四年に百済(くだら)に伝えられ、新羅(しらぎ)には五世紀の前半に伝わった。日本は、魏・晋の時代を過ぎ、南北朝の時代に入って中国の歴史書の中に現れるようになり、倭の五王たちが、宋(そう)・斉(せい)・梁(りょう)・陳(ちん)などの南朝の国々に使者を送ったことが記されている。しかし、南朝の国々で栄えていた仏教が、倭の五王の日本に伝えられることはなかったと考えられる。

日本には、朝鮮の国々から多くの人々が渡来していたから、渡来人の間で仏像が礼拝され、経文が唱えられていたことは、想像に難くない。『日本書紀』には、欽明天皇十三年（五五二）に、百済の聖(せい)明王(めいおう)の使者が、仏像と仏像を飾る幡(はた)・蓋(きぬがさ)、経論若干巻と、仏法を伝える功徳(くどく)を記した表文をもたらしたと記されており、『上宮聖徳法王帝説』『元興寺伽藍縁起幷流記資財帳』などによると、百済から仏教が伝えられた年は、欽明天皇七年（五三八）ということになる。多くの論議を重ねて仏教公伝は五三八年とされているが、仏教はそれより前に日本に伝わっていたと考えられよう。

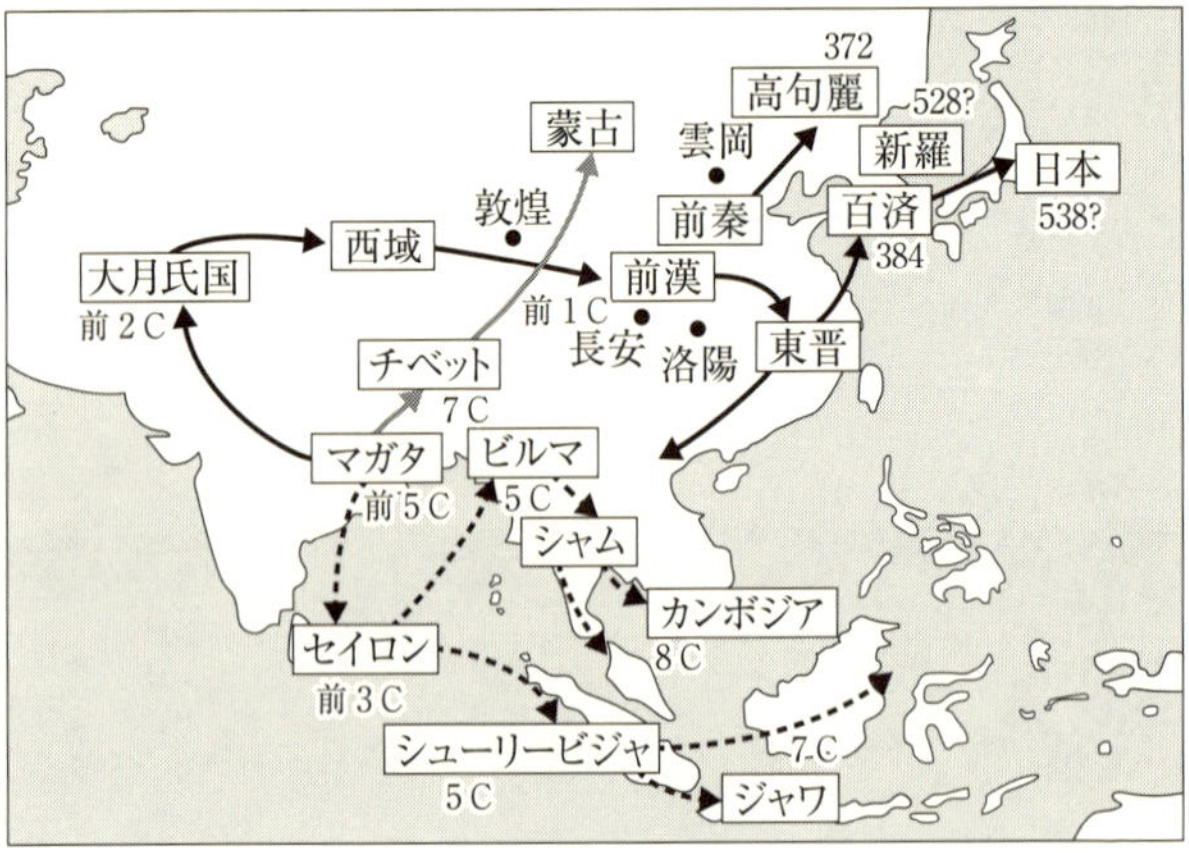

14　仏教の伝来

西暦	経過年数	インド	中国	日本
紀元前6世紀		釈迦誕生		
5	100			
4	200	アショカ王即位		
3	300	仏教全インドに		
2	400	伝わる		
1	500	↓	仏教	
0	600		伝わる	
後1	700		↓	
2	800			
3	900			
4	1000			
5				
6				仏教
7				伝わる
⋮	⋮			↓

15　仏教の伝播年表

釈迦の没年は、仏典の記述もさまざまで正確な年は不明であるが、中国では周の穆王の五十二年（前九四九）に当たるとする説が一般に受け入れられていた。それにしたがって年代を数えると、日本に仏教が伝来したのは、釈迦入滅後一五〇〇年ということになり、五五二年は、正法五〇〇年、像法一〇〇〇年説をとると、末法に入る年であった。日本に仏教が伝わった年が末法に入る年では希望がないので、正法一〇〇〇年説をとることにすると、その後五〇〇年はまだ像法の時代で、平安時代後期の一〇五二年が、末法到来の年ということになる。

それはともかく、歴史的に考えて、釈迦の時代から日本伝来までの千年近くの間、さまざまな国と民族の間に伝えられた仏教が、さまざまな信仰と習合し、変容を遂げたことはいうまでもない。日本に伝えられた仏教は、西域に伝えられて変化した仏教が、高度な文化を持つ中国で中国人の仏教として整えられ、さらに百済や高句麗に伝えられて一五〇年ほどの間に、百済や高句麗の仏教として変化したものであった。

寺院の建立と外来文化

六世紀の前半、大きな古墳を築き、埴輪を作っていた日本人は、金銅で作られ金色に輝く仏像に接した時、驚嘆したに違いない。仏像は、高度な文明を象徴するものであった。当初の戸惑いを過ぎると、日本でも仏像が作られるようになり、仏像を安置する堂舎がつぎつぎに建てられ、仏像に仕える

16　聖徳太子
（法隆寺藏）

17　法隆寺

ために出家する人々が現れ、出家の姿になった僧尼は、経論の読誦と解読の学習を始めるようになった。

そうした中で、聖徳太子（五七四―六二二）は、仏教の受容を積極的に進め、仏教の思想をよく理解した人物として知られている。後世、太子は日本仏教の開祖として尊崇され、信仰の対象になった。「十七条憲法」で仏教を敬うべきことを説き、四天王寺や法隆寺を建て、宮中で『法華経』『勝鬘経』『維摩経』の三経を講じ、三経の義疏（註釈書）を著したと伝えられている。

外来文化を摂取して、統一国家を作り、貴族文化を築き上げようとした六、七世紀の支配者たちは、中国文化の他に、もう一つの仏教という回路を経て伝わってくる文化に着目した。仏教は、思想・宗教であるが、森羅万象にかかわるさまざまな知識と技術を包括する外来文化として受け入れられ、朝廷と貴族たちが建立した大寺院は、外来文化センターとしての役割を果たした。

当時、宮殿も茅葺きや板葺きが普通であったから、瓦葺きの寺院の出現は人々の眼を奪った。瓦を焼く技術、瓦の重さに耐えるための太い柱とそれを支える礎石、高層の建物につけられる精巧な金具、鮮やかな朱を塗られた柱など、寺院は高度な技術を結集して人々を圧倒した。仏殿には、神秘的な表情を湛える仏像が安置され、その前で行われる儀式には、法衣を纏った僧たちが列座し、経典の読誦と異国の楽器によって奏される音楽、仏を讃える歌舞は人々を別世界に誘った。

大寺院には、大部の仏典が収蔵されていた。仏典から有用な知識情報を引き出すために、専門知識を習得した僧は、多くの特権を与えられる代わりに、国家の管理下に置かれることになった。律令の中の「僧尼令」は、僧尼を統制するための法令で、僧尼の身分と行動を管理する厳しい条文は、国家が仏教という外来文化を独占的に把握しようとしていたことを示している。

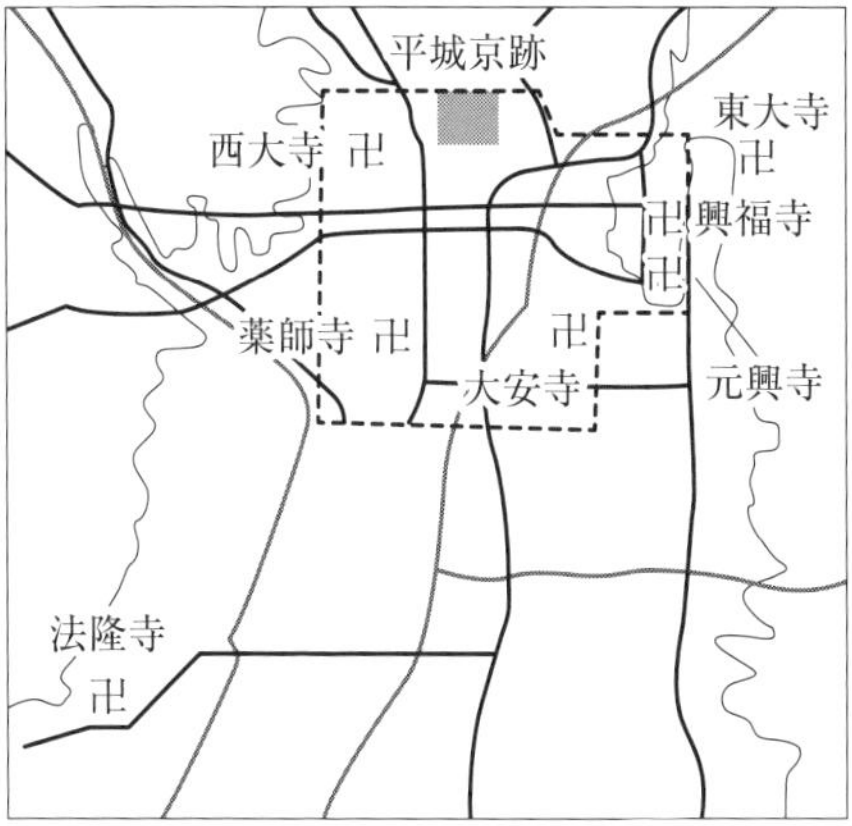

18　南都七大寺

七世紀の後半、つぎつぎに大寺院が建立され、大官大寺・川原寺・飛鳥寺が官大寺とされた。やがて、藤原京、平城京と中国の都城に倣った都が建設されると、寺院も、藤原京、平城京へと移り、塔・金堂・講堂・経蔵・鐘楼・僧房・食堂などを擁する大規模のものになっていった。平安時代になって南都七大寺と呼ばれるようになった大安寺（もと百済大寺、のち大官大寺となり、さらに奈良に移転）・薬師寺（藤原京から移建）・元興寺（もと飛鳥寺）・東大寺・興福寺（山科から藤原京に移り、さらに奈良に移建）・西大寺・法隆寺をはじめ、都には数多くの寺が建てられ、地方にも豪族が建立した寺が競い立ち、国ごとに国分寺・国分尼寺が建てられて、仏教文化が広まった。

南都の仏教

外来文化としての権威を保つために、大寺院は教学の研鑽を欠かせなかった。はじめに成立した学派は、三論宗である。三論というのは、『般若経』の「空」の思想を論じた、二、三世紀に活動した大乗仏教中観派の大思想家、龍樹（ナーガールジュナ）が著した『中論』『十二門論』、龍樹の弟子の提婆（アーリヤデーヴァ）の『百論』の三部の論書のことで、五世紀初頭に長安で鳩摩羅什（クマーラジーヴァ）が漢訳して以来、中国で盛んに研究されるようになった。日本へは高句麗の慧灌によって伝えられ、元興寺・法隆寺・大安寺などが三論講究の中心になった。また、三論とともに伝えられた『成実論』の研究も、三論宗の中で行われていた。

四、五世紀になって大乗仏教の中に、存在するものはすべて、自己の根底にある心の変現したものであると説く唯識派が現れた。その大成者世親（ヴァスバンドゥ）の『唯識三十頌』は、多くの思想家によって研究されたが、中国からインドに赴いた三蔵法師玄奘は、世親の書とその註釈書をまとめて『成唯識論』を著したので、唯識の立場に立って諸法（存在するもの）の実相を明らかにしようとする法相宗が起こった。日本へは、入唐して玄奘に学んだ道昭が伝えたのが最初で、元興寺・興福寺を中心として大きな学派が成立した。また、世親の『倶舎論』は、仏教の教理を総合的にまとめた書として広く研究され、法相宗の中に倶舎宗という学派が成立した。

A.D.		
200	龍樹『中論』『十二門論』 提婆『百論』	
300	訶梨跋摩『成実論』	鳩摩羅什『中論』などを訳す
400	世親『唯識三十頌』『倶舎論』	
500		智顗『法華玄義』
600		道宣『四分律行事鈔』 玄奘『成唯識論』を著す
700	『大日経』『金剛頂経』	法蔵『華厳五教章』
800		善無畏『大日経』を訳す 不空『金剛頂経』を訳す

19　仏教教学の伝来

隋から唐の初期に、『華厳経』を最高の経典として、広汎な仏教思想を総合し、壮大な体系を築いた華厳宗が生まれた。宇宙の中のすべては互いに交わりながら流動しており、その宇宙全体を包括しているのが毘盧遮那仏であるという教えは、新羅の審祥によって日本に伝えられ、新しい教学として奈良時代の僧に受け入れられた。東大寺の大仏は『華厳経』の思想を現したもので、東大寺が華厳宗の本山となった。

三論・法相・華厳・律、それに成実・具舎を加えて、南都六宗と総称する。南都六宗は後世の宗派・宗門とは異なり、教学研究の学派であり、はじめは三論衆・法相衆というように三論・法相を研究している僧侶たちという意味で、

南都六宗
- ・三論宗（衆）
  - ・成実宗（衆）——寓宗
- ・法相宗（衆）
  - ・倶舎宗（衆）——寓宗
- ・律　宗
- ・華厳宗

・天台宗
・真言宗

20　日本仏教の宗派

衆の文字が用いられていた。元興寺や興福寺は三論衆や法相衆の拠点になっていたし、成実衆や倶舎衆も集まっていた。一人の僧がいくつもの宗を学ぶのが一般のことであった。

最澄と空海

国家や有力貴族と密接なつながりを持つ南都の大寺院は、寺院勢力の増強のために政治的な力を持とうとし、国家の管理下に置かれた僧侶は、政治的な活動に明け暮れるようになった。都を平安京に遷した桓武天皇は、大寺院の勢力との関係を断つために、新しい仏教を求めて遣唐使の派遣に際して最澄（七六七—八二二）を入唐させたが、その資格は留学生ではなく短期で帰国する還学生とされた。

最澄は、渡来人の子孫で幼い時に仏門に入り、修行と幅広い学問で名を知られた僧であった。中国の仏教史上、最初に総合的な体系を立てたのは六世紀に成立した天台宗で、その後、天台宗を批判する華厳宗が生まれたが、日本への伝来は天台宗を飛び越えて華厳宗が先になり、最高の教えとして受け入れられた。しかし、華厳宗の教学は、天台宗の批判の中で形成されているところが少なくないので、その理解のためには、日本に伝えられていない天台宗を学ぶことが必要になり、そのことに気づいたのが最澄であった。他方、奈良時代の仏教勢力から離れることを望んでいた桓武天皇も、天台宗

22　比叡山

21　最　澄（一乗寺蔵）

を盛んにすることをめざしたので、還学生最澄に大きな期待をかけることになった。

最澄は、台州と天台山で天台の法を受け、北宗の禅、大乗仏教の戒を学び、当時注目を集めていた密教を受けて帰国した。最澄は、円・禅・戒・密の四宗融合を説き、日本の天台宗は、『法華経』を根本経典として、すべての仏教を包括したものであると主張した。円とは欠けるところなく完全なものという意味で、天台宗を法華円教、円教と称した。

最澄は、比叡山に延暦寺を創建して、活動の拠点としたが、東国に赴いて会津（福島県）の慧日寺にいた法相宗の学僧徳一と激しい教学論争をするなど、平安時代の仏教の確立のために積極的な活動をつづけた。しかし、帰国の翌年に桓武天皇が亡くなったため、最澄は後援者を失い、空海が中国好みの嵯峨天皇の支援の下で活動を始めると、不利な立場に立たされた。特に密教を十分に学ぶ余裕を持てなかった最澄は、後輩の空海に教えを請うたが、二人の間は不和となり、晩年を失意の中で過

24 東　寺

23 空　海（東寺蔵）

ごすことになった。

最澄と同じ時の遣唐船に乗って唐に渡った空海（七七四―八三五）は、はじめ大学で中国の学問を学んだが、仏教に強い関心を抱いて退学し、四国を遍歴して修行を積み、南都の諸大寺で教学の研鑽に努めた。二四歳の時に書いた『三教指帰』は、儒・道・仏の三教の優劣を論じた書で、若い空海の思想遍歴を伝えている。唐に着いた空海は、最澄とは別行動をとって長安に行き、密教を学んだ。

密教は、インドの基層信仰を習合した仏教で、七世紀に成立した『大日経』と『金剛頂経』によって、体系的な思想と実践法が整えられ、西域からチベット、中国へと伝えられた。空海が入唐した時期は、密教が新しい仏教として注目を浴びていたが、その後中国では広まることはなく、長安の青龍寺で恵果に学んだ空海が、日本に帰って真言宗を大成することになった。密教が現存するのは、チベット文化圏と日本だけである。

多数の密教の経論、密教の法具を携えて帰国した空海は、嵯峨天皇の支援を得て活動の幅を広げ、高野山の開創に力を注ぎ、京都の東寺を拠点として真言宗発展の基礎を築いた。貴族社会は密教の神秘的な儀礼を迎え入れ、中国文化の体現者としての空海に最大限の敬意を表した。インドの基層信仰を取り込んで成立した密教は異形の明王像を礼拝し、日本の神祇信仰にも形を与える役割を果たした。

日本に受け入れられた仏教は、奈良時代には、教学研鑽と国家的な祈禱・儀礼に偏っていたが、最澄・空海の活動によって、実践的な面を重視し、宗教としての展開を見せるようになっていった。

4 律令制度と官人の学問

中国文化の受容

福岡県の志賀島で発見された「金印」や、『魏志』に名をとどめた卑弥呼などを挙げるまでもなく、日本の有力な支配者は大陸に使者を送り、大陸の強国と交渉を持っていることを、国内の諸勢力に対する権威の拠り所としていた。中国・朝鮮にあった数々の国から、さまざまな文物や先進的な技術が日本に伝えられたが、その中で重要な意味を持ったのは文字の伝来であった。

今は失われた『魏略』は、『魏志』よりも前に成立した史書で、『魏志』の註釈書に引用された逸文(いつぶん)があるが、その一節に倭人のことを「其の俗、正歳四節を知らず。但し春耕秋収を計って年紀とす」と述べた部分がある。当時の日本人は、年というものの数え方も、その一年を四季に分けることも知らず、春が来れば田畑を耕し、秋にそれを収穫することで、生活に区切りをつけていた。

三国の時代から、晋を経て南北朝の時代に入ると、日本の王は南朝の国々に使節を派遣したが、『宋書(そうじょ)』の夷蛮伝には、倭の武王が、倭の国々を征服して国内を統一した事績を誇った「倭王武の上表」が載せられている。倭の国王たちは当然のことながら、交渉に文字を用いたであろうし、埼玉県の稲荷山古墳から出土した鉄剣に、八代にわたる王の系譜が刻まれている例を見ても、中国文化の受容と漢字の使用が仏教伝来の何世紀も前から始まっており、仏教の受容が漢字漢文の知識を背景にして、可能になったことはいうまでもない。

文字の伝播によって、高度の知識や技術が伝えられることになった。稲荷山古墳から発見された鉄剣には、辛亥という年が刻まれているが、その辛亥年を西暦四七一年とすると、倭の王は五世紀の後半には、中国と同じように年を数えていたことになる。『日本書紀』には、欽明天皇十四年に、百済から暦博士が渡来し、推古天皇十年には、百済の僧観勒が暦本を伝えたと記されている。七世紀の前半には、天文地理の知識が伝えられ、日本は年・月・日の数え方で、中国と同じ世界に組み込まれることになった。

中国伝来の暦では、太陽年を、春・夏・秋・冬の四季に分け、春を、立春・雨水・啓蟄・春分・清明・穀雨、夏を、立夏・小満・芒種・夏至・小暑・大暑、秋を、立秋・処暑・白露・秋分・寒露・霜降、冬を、立冬・小雪・大雪・冬至・小寒・大寒というように分けて、一年を二十四節気に分け、一

25　稲荷山古墳鉄剣銘（埼玉県立さきたま史跡の博物館蔵）

気を一五日とするが、こうした整然とした合理的な自然観が日本人の間に受け入れられるようになった。

また、甲（きのえ）・乙（きのと）・丙（ひのえ）・丁（ひのと）・戊（つちのえ）・己（つちのと）・庚（かのえ）・辛（かのと）・壬（みずのえ）・癸（みずのと）の十干（じっかん）と、子（ね）・丑（うし）・寅（とら）・卯（う）・辰（たつ）・巳（み）・午（うま）・未（ひつじ）・申（さる）・酉（とり）・戌（いぬ）・亥（い）の十二支（じゅうにし）を組み合わせて、甲子（きのえね）・乙丑（きのとうし）というような六〇の組み合わせを作り、その順番で年・月・日を指す方法が取り入れられたことは、稲荷山鉄剣の例でふれた通りである。

漢字と漢文の学習

中国・朝鮮の国々との交渉の中で伝えられた漢字は、中国で発達した表意文字であった。日本人は、漢字の読み方、書き方を学び、一字一字の意味を覚えていったが、渡来人は中国語の文章を読むことができても、中国語と異なる言語で生活していた日本人は、一字一字の漢字をその意味によって日本語を表す記号として使い、また漢字を表音文字として使って、固有名詞などを表記するようになった。

漢字は、中国語としての発音、つまり「音」と、意味を表す「訓」とを持つようになったが、そうなると、やがて中国語の文章を訓で読む、訓読が発達することになった。中国語の文章を構成する一字一字の文字を、できるだけ訓で読み、日本語の語順に合わせて、漢字を拾い上げていくと、中国語の文章をたちどころに、日本語に読み換えることができるわけで、後世、漢文訓読と呼ばれることになる特殊な外国語解読の技術が作られていった。

中国語の文章の文字に、その文字を音で読むか、訓で読むかの記号や、日本語に読み換える場合に必要な、助詞、活用語尾を指示する符号が考案され、細かな規則が定められていった。中国文の中に書き込まれる読み方の指示や、さまざまな記号は、朱筆を用いることが一般で、訓点と呼ばれ、中国の典籍を学ぶ日本人は、師から訓点の伝授を受けて、中国文の解読ができるようになったが、訓点の方式には、博士家の点、東大寺の点、興福寺の点というように、さまざまな流儀が生まれた。

訓点は、仏教の経論の解読にも広く用いられたが、カタカナの普及によって、送りがなの使用が広まって簡略化が進み、近世に入って、現在の返り点、送りがなによる、漢文の読み方が成立した。

中国文を訓読する方法が生まれるのに伴って、日本語で考えながら漢文を書くことが容易になったが、他方で漢字を表音文字として用いた表記と、表意文字の訓読みとを組み合わせることによって、日本文を書く工夫が重ねられて、古くから伝わる歌謡や、日本語の歌を文字に記録することが可能になり、四五〇〇首もの歌を集めた『万葉集』が編纂され、日本の神話と天皇の伝承を記録した『古事記』が作られ、地方の風土や伝承を記録した『風土記』が編纂された。

漢字の多様な使い方が生まれたことは、七、八世紀の日本文化に大きな活力を与え、その中で生み出された『万葉集』『古事記』『風土記』などは、一〇世紀に展開した日本の古典文化の基礎となった。

律令の制定

六、七世紀の日本の支配者たちは、隋・唐の文物制度を取り入れて、急速な発展を実現し、統一国家を築き上げたが、その中心は中国の律令制度の摂取にあった。現在知られている最古の律は、一九七五年に、中国湖北省雲夢県睡虎地の秦代墓から発見された、一〇〇〇枚の竹簡の中に見られる秦律であるが、当時秦よりも進んでいた魏の律を引用しているものもあり、戦国時代の中国で法律制定が盛んに進められていたことが推測される。

漢代以後、中国の法は儒教の影響の下で、令が重視されるようになったが、犯罪とその処罰を定めた律と、官僚機構など国制の要項を規定した令（りょう）との、両者を主体とする法体系が整ったのは西晋の時代であった。隋・唐の統一国家はその制度を受け継ぎ、律令は唐の前期に完成の域に達した。高祖の武徳令、太宗の貞観令、高宗の永徽（えいき）令、麟徳令、儀鳳（ぎほう）令、則天武后の垂拱令、中宗の神龍令、睿宗の太極令というように、歴代の皇帝は律令を改定したが、玄宗は開元年間に三度、開元令を改め施行した。

日本では、七世紀後半から八世紀半ばにかけて、律令の編纂と施行が行われた。最初は天智天皇の近江令で、ついで天武天皇の浄御原令（きよみはらりょう）が挙げられるが、この二つの令については制定と施行をめぐって疑義が出されている。律と令が整ったのは文武天皇の大宝（たいほう）律令で、ついで元正天皇の時に養老律令が制定された。日本の律令は唐の律令を模範として編纂されたが、唐制そのままではなく、天皇の超越的な性格を強調し、天皇をめぐる宗教的な禁忌を重視するなど異なる点も少なくない。新羅・渤海などが唐の制度を全面的に受け入れた結果、自国の律令の編纂を行うことをしなかったのと異なり、唐制に倣いながらも自国の律令を制定、施行したことに注目しなければなるまい。

しかし、中国の律令が国家社会の基本的な規範である礼(れい)に基づき、礼を補完するものとして制定されていたのに比して、礼というものが自覚されていなかった日本では、中国の律令に倣うのに困難な点が少なくなかった。一例として、婚姻に関する法律を見ると、中国と日本の家族制度に大きな違いがあったために、中国の律令に倣って作られた条文は、日本の実態からかけ離れたものとなり、机上の作文に類したものになることを避けえなかった。

四度編纂された律令の中、近江令、飛鳥浄御原令は伝わらず、大宝律令は、養老律令の施行によって平安時代のはじめには散逸してしまったが、平安時代に作られた養老令の注釈書、『令集解』に引

近江令
飛鳥浄御原令(689年施行)
大宝律令(701年施行)
養老律令(757年施行)

26 日本の律令

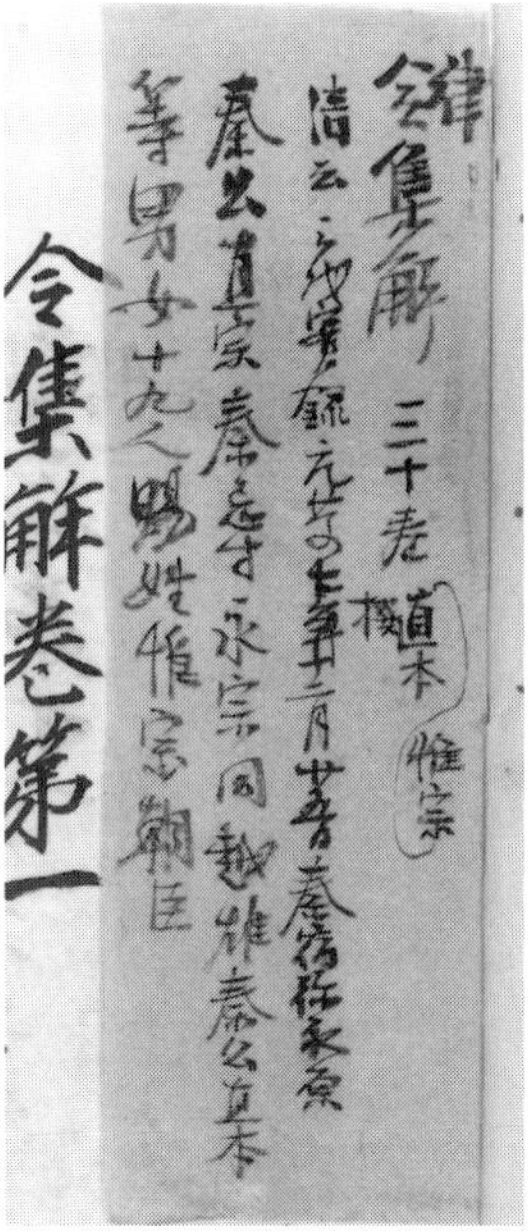

27 『令集解』
(国立歴史民俗博物館蔵)

用される「古記」などによって、多くの条文を復元することができ、大宝、養老の両律令の間に、基本的な違いはなかったと考えられている。

大学の制度

律令の基本をなす思想は、儒家と法家の思想であり、特に、理非を弁別することのできる官人が、愚昧な人民を教え導き、教化することが統治であるという考えが重んじられていた。したがって、律令制度の運営に当たる官人は、さまざまな経典を学んで知識を深め、徳を磨かなければならないとされ、そのために、高度な文筆の能力を持つことが不可欠の条件となっていた。

世界の古代中世の国家では、文筆技術の供給を宗教組織に求めることが多かった。寺院や修道院から出仕した聖職者が、帝王に近侍して命令を伝える文章を草し、さまざまな法律を作って裁判の基準を示し、年代記を書いて権力の正当化を行い、行政事務の規範を定めたりした。

しかし、中国では早くから文筆技術を伝える人々の世俗化が進み、宗教組織から離れたところで、文筆能力を持つ人間の養成が行われていた。さまざまなことを、中国に倣って制度化した日本では、漢字の知識は外来文化の中核をなすものであったから、神祇を祀る固有の宗教は、文筆との関わりを持たず、文筆の技術と能力は、国家によって自給されることになった。大寺院に集められた仏教の僧は、高度の文筆能力を持っていたが、国家の文筆事務との間には、一線を画していた。

律令国家の機構の中で、外来の知識学問に関わりを持つ部局は、中務省の下に置かれた陰陽寮と、式部省の下の大学寮、さらに治部省に属する玄蕃寮の三つであった。陰陽寮は、天文暦日と陰陽道の知識を管理し、高度な専門知識に基づくさまざまな卜占を行った。また治部省の玄蕃寮は、僧尼の名簿を保管し、寺院を監督することを任務としていた。そして、大学寮は、中国の典籍を講読して、儒教の思想を身につけた律令官人を養成する機関であった。

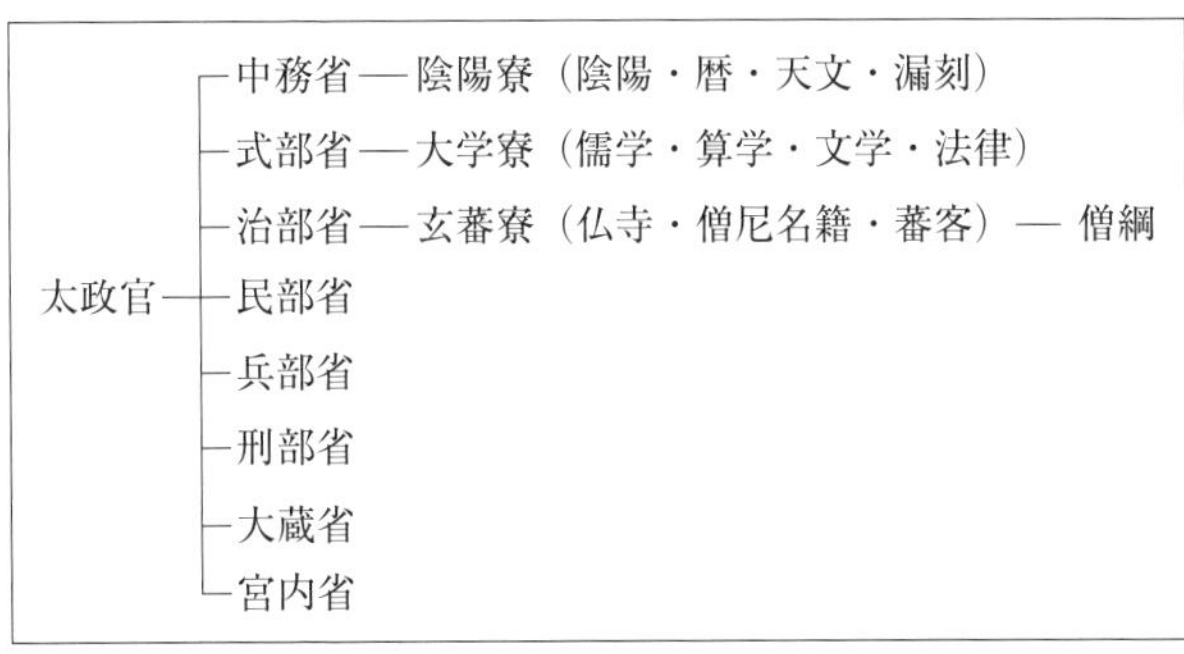

28　律令官制と外来思想

大学寮は、大宝令によると、儒教の経典を教授する明経を本科とし、博士一人、助博士（助教）二人が教育に当たり、学生は四〇〇人とされている。学生はまず、漢字の発音と、書き方を学び、簡単な算数を学んだが、基礎科目を修めた後に、本科として明経という科目を学んだ。明経では、まず『孝経』と『論語』を習い、つぎに『周易』『尚書』『周礼』『儀礼』『礼記』『毛詩』『春秋左氏伝』という儒教の七つの経典の中の一つに通じていることが求められた。また、基礎科目

頭
明経博士　助博士（助教）
明法博士
算博士
書博士
音博士
紀伝博士
文章博士

29　大学寮の組織

としての教学だけでなく、専門的に教学を習得する学生もあり、法律の専門知識を持つ官人の養成のために、明法という科目が設けられていた。

平安時代に入ると、上層の貴族たちの間では、大学寮の明経は抽象的な原理の論議が多いために敬遠され、法律の専門家をめざす明法も魅力の薄い学問と考えられるようになり、中国の史書を代表する『史記』『漢書』『後漢書』の講読を中心に、中国に関する広い知識を得ようとする紀伝道、宮廷貴族の教養の基礎とされた『文選』『白氏文集』などの詩文を学ぶ文章道が、学生の関心を集めることになった。

漢文学の興隆

漢字の読み書きに通じ、中国の古典を学んだ貴族たちの間では、漢詩を作り、漢文を書くことが盛んになった。七五一年(天平勝宝三)に成立した、日本最古の漢詩集『懐風藻』は、宮廷の中心で活動した人々六四人の漢詩、一二〇首を収めており、日本の歌を集めた『万葉集』とは対照的な世界を形作っていて、奈良時代の文化の中心が、漢詩文や仏教に集約される外来文化にあったことを示している。

平安時代の初め、嵯峨天皇の時代に、漢風文化は頂点に達したが、八一四年(弘仁五)に成立した『凌雲集』は、日本初の勅撰漢詩集で、二四人の作者による九一首の漢詩を収め、ついで同じく嵯峨天皇の命を受けて編纂された、『文華秀麗集』は、八一八年の成立で、二八人、一四八首を収め、さらに淳和天皇の勅撰漢詩集である『経国集』は、一七八人の作、九一七首を収める大部の漢詩集で、八二七年（天長四）に成立した。勅撰漢詩集は、奈良時代に頂点に達した中国文化摂取の動きが、九世紀の初頭になって達成した結実であるといえよう。

こうした動向を体現したのが、空海（七七四―八三五）であった。若い時に『三教指帰』を書いて、自己の思想遍歴を文学的に表現した空海は、八〇四年（延暦二十三）に入唐して詩文の才を磨き、帰国後に多くの詩文を書いた。『遍照発揮性霊集』は空海の詩文集として知られるが、独自の文学論を展開した『文鏡秘府論』を著し、日本最古の字典として重要な『篆隷万象名義』を編纂して、学問の発達に寄与した。

また、中国の伝統に倣って編纂された日本の正史は、『日本書紀』の後、『続日本紀』『日本後紀』『続日本後紀』『日本文徳天皇実録』『日本三代実録』とつづいたが、その編纂を支えたのは、平安時代に盛んになった紀伝道の学問であった。紀伝道と並んで貴族たちの関心を集めたのは文

律令 ——	大宝律令・養老律令・格・式
国史 ——	日本書紀
詩文 ——	懐風藻
古事記・万葉集	

30　学問の成果

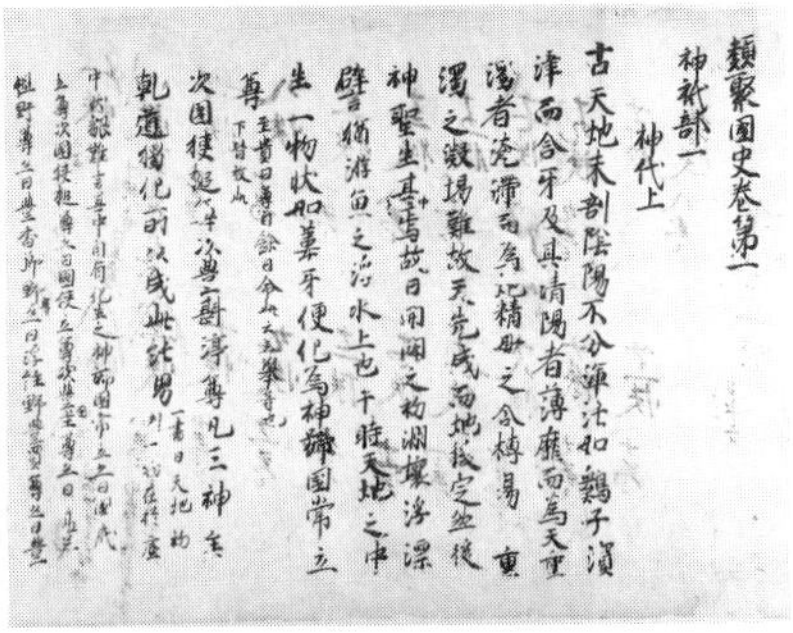

31　『類聚国史』（石清水八幡宮蔵）

章道であったが、そうした動向を表す人物として、菅原道真（八四五—九〇三）を挙げることができる。学者として知られた道真は、政治家としても活動し、藤原氏の勢力によって失脚させられたが、『菅家文草』『菅家後集』に収められる詩文は、中国の詩文の模倣を脱して日本的な漢詩文の世界を開いており、国史の編纂にも携わって学才を発揮し、六国史の記事を項目別に分類し、再編成した『類聚国史』は、貴族文化の基礎を支える書物として、大きな役割を果たした。

5 かな文字の成立と国文学

かな文字と和文の成立

平安時代の初めに、奈良の華厳宗・法相宗・三論宗などの僧侶の間で、経論を訓読するためにさまざまな記号を考案し、本文の中に書き込むことが始まった。記号のつけ方は、役所や寺院ごとに、また学派ごとに考案、伝授されたので、さまざまな方式のものがあったが、それぞれのきまりにしたがって記号を辿っていけば、中国語の文章を日本語に読み替えることができた。

訓読の記号というのは、漢字の周囲に朱でつけていくのが一般で、例えば、明経道（みょうきょうどう）で用いられていた訓点では、漢字の右上に朱の点がついていれば「…を」と読み、右側の中の上に点があれば「…こと」と読む。また、右側の中の下の点は「…と」、右下の点は「…は」、左上の点は「……に」というように決められており、右上の点が「を」、右側のその下の点が「こと」という点であったことから、訓点のことを「ヲコト点」と呼ぶようになった。

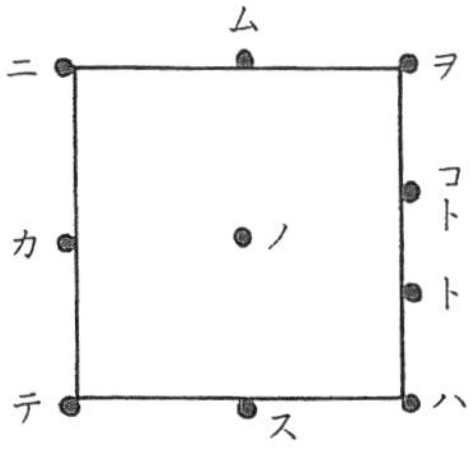

訓点が普及するにつれて、訓点に加えて万葉仮名を書き込むこともあり、その万葉仮名の漢字の偏や旁（つくり）などを取って、カタかなが作られた。また、同じころに漢字の草書体をもとにして、ひらがなが作られ、やまとことばの表記に用

32　ヲコト点

いられるようになった。九世紀ごろには、カタかなとひらがなは、混用されることが多く、いくつもの異体字が用いられていたが、一〇世紀に入ると、カタかなとひらがなの混用は少なくなり、字体も整理され、異体字も少なくなっていった。こうして、日本人は平安時代の中期以降、真名（楷書体の漢字、真字ともいった）と仮名の二種の文字を持ち、仮名は、カタかなとひらがなを使い分けて、多様な文字表記の手段を持つようになった。

漢字の発音は、広い中国では地方によって異なり、時代によって変化してきた。日本では、唐の時代の都長安の発音を漢音と呼び、南方の発音を呉音といった。例えば「行」の漢音は「コウ」で、呉音は「ギョウ」であるが、漢音が正音とされ、仏典は呉音で読まれることが多かった。漢音と呉音のほかにも、宋・元・明・清の時代の発音も伝わったが、奈良時代から平安時代の前期に広まった発音が、漢字の音として固定した。行灯、行脚で「行」を「アン」と読むのは、漢音、呉音以外の音であり、「北京」を「ホクキョウ」「ホクケイ」「ペキン」「ベイジン」と読むのは時代による違いであり、「上海」を「シャンハイ」と読むのは現代の発音である。

発音だけでなく、漢字の意味も、平安時代前期に通用していたものが固定し、基本的なものになった場合が多く、日本人の中国文化の受容が、奈良時代を峠にして、平安時代の初めに一つの区切りを迎えたことがわかる。漢字の読み方と意味を固定した上で、それに対する仮名文字と仮名文字による和語と和文を作っていくことが、平安時代の文化の基軸であった。

和歌の復興

奈良時代以来、貴族社会の知的活動は、中国の古典を読むことと、漢詩漢文を作ることを中心にして成り立っていた。『万葉集』は、伝統的な日本の歌を記録したものとして、高い価値を持つものであるが、奈良時代の宮廷で活動した人々は、漢詩文によって思想や感情を伝えることを重んじ、奈良時代の万葉歌人たちは、宮廷の主流から外れた人々であった。

ところが、九世紀の半ばになって、唐の衰退が覆い難いものとなり、八三八年（承和五）の出航を最後に遣唐使の派遣もなくなると、中国文化に対する緊張が薄れ、そのころにかな文字が広まったこともあって、貴族たちの間に和歌への関心が生まれ、和歌による社交が流行し始めた。在原業平（ありわらのなりひら）（八二五―八八〇）・小野小町（生没年不詳）・遍昭（へんじょう）（八一六―八九〇）は、和歌復興の中心となった歌人であるが、その三人に喜撰（きせん）法師・大伴黒主（おおとものくろぬし）・文屋康秀（ふんやのやすひで）を加えた六人の歌人を、のちに六歌仙と呼ぶようになった。

八九七年（寛平九）に即位した醍醐天皇は、平安時代初期の天皇が漢詩集の編纂を命じたのに対して、紀貫之（きのつらゆき）（生年不詳―九四五）をはじめとする四人の貴族に、『万葉集』につぐ和歌集の編纂を命じ、九〇五年（延喜五）に、一一〇〇首の歌を収める『古今和歌集』が撰進された。最初の勅撰和歌集である。『古今集』には、仮名の序と真名の後序がついているが、貫之が書いた仮名の序は、神代に遡る和歌の歴史を説き、天地を動かし鬼神も感ずる和歌の本質を論じ、漢詩に対する和歌の立場を宣言したも

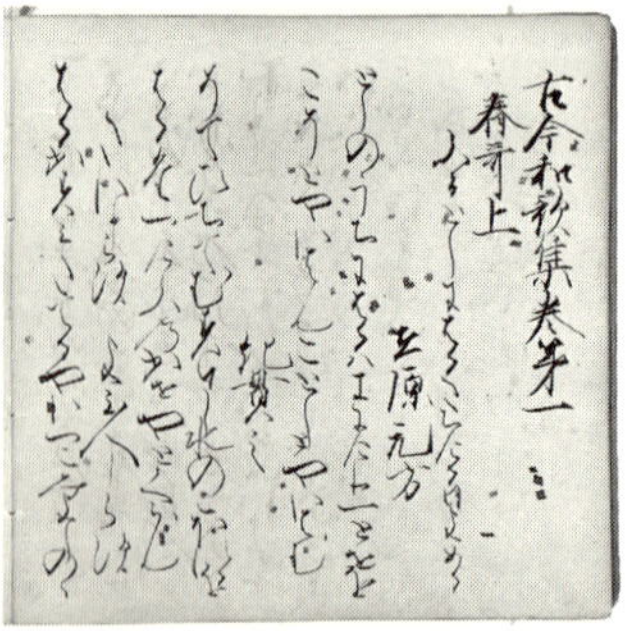

のであった。

　万葉の時代には、長歌や旋頭歌も盛んに作られていたが、平安時代に入ると短歌が中心となった。日本文学史上、物語・日記・随筆・紀行文・軍記・説話・連歌・俳諧・草子など、さまざまな形式が現れたが、三一文字の和歌という形式だけは、時代が変わっても日本文学の中に主要な位置を占めつづけ、さまざまな文学活動の発端になり基層となったが、そうした和歌の位置は、『古今集』の時代に確立したものであった。

　勅撰集の編纂は、その後、後撰・拾遺・後拾遺・金葉・詞花・千載・新古今とつづき、さらに一四三九年（永享十一）の『新続古今和歌集』まで、二一代にわたってつづけられて、貴族文化を象徴するものとなったが、最初の『古今集』は、和歌の規範を示すものとして特に重んじられ、古今から新

33　『古今和歌集』俊成本（御物）

やまと歌は、人の心を種として、よろずの言の葉とぞなれりける。世の中にある人、ことわざ繁きものなれば、心におもふことを、見るもの聞くものにつけて、いひいだせるなり。花に鳴くうぐひす、水に棲むかはづの聲をきけば、生きとし生けるもの、いづれか歌をよまざりける。力をも入れずして天地を動かし、目に見えぬ鬼神をもあはれと思はせ、男女のなかをもやはらげ、猛きもののふの心をも慰むるは歌なり。

34　『古今和歌集』仮名の序

古今までの「八代集」が、その後の日本文化史の中で和歌の精粋を集めたものとして尊重され、憧憬の的になった。

国風文化

六歌仙の一人として名高く、ことばの響き合いの中に余情を残す優れた歌を詠んだ在原業平は、八八〇年（元慶四）に世を去ったが、『三代実録』は、同年五月二十八日条にその死を記し、「業平體貌閑麗、放縦不拘、略無才学、善作倭歌」（業平は容姿端麗であったが、勝手気ままでとらわれず、おおよそ才学は無かったが、和歌にはすぐれていた）という批評を載せている。平城（へいぜい）天皇の皇子と桓武天皇の皇女を父母とする業平は、文字通り高貴の生まれであったが、藤原氏の地位が確立する中で身分相応のところを得ることができず、放縦な生涯を送らざるをえなかった。

ところで、右の文章の中で『三代実録』の筆者は、和歌を、貴族官人として欠かすことのできない才学に対立するものと捉えている。九世紀の半ば過ぎに唐との緊張が薄れた時、七世紀以来一貫して、隋唐文化の摂取をめざしてきた日本の文化史に、変化が見られるようになった。土着の文化、基層文化に属するものが、それを覆っていた外来文化の力が弱まる中で表に現れるようになり、人々の知的活動の対象になり始めたのである。

そうした中で、中国の文化に関する知識学問とそれを活用する能力を、漢才（からざえ）・才学（さいがく）といい、日本の

漢　才―公的義理―人間のあるべき姿―社会の秩序―漢詩文・歴史・日記
大和心―私的心情―あるがままの人間―人間の内面―和歌・物語・日記文学

35　漢才と大和心

36　源　順
（業平本『三十六歌仙切』東京国立博物館蔵）

土着の文化につながる心性を、大和心（やまとごころ）というようになった。漢才は、公的な世界につながって、あるべき義理をめぐる合理的な思考を重ねていく能力であり、大学や大学別曹（べっそう）などで学ぶものであり、大和心は私的な心情から出て、あるがままの人間の内面を見つめ、感じ取ったことを表現する和歌を学ぶことであった。

業平は、漢才がめざす価値に背を向けて、大和心を伝えることに価値を見出そうとした歌人であり、そうした動きの先駆者として語り伝えられることになった。

一〇世紀の後半に活動した源　順（みなもとのしたごう）（九一一―八三）は、漢詩文と和歌の両方に通じていることで知られた貴族文人であったが、村上天皇の勅によって編纂された『後撰集』の選者の一人となり、また、宮中の梨壺（なしつぼ）に集まって『万葉集』の解読に努めた五人の歌人の一人であった。源順たちは、当時読む人もなく、読むことができなくなっていた『万葉集』の解読に苦心したが、和歌の伝統を遡って『万葉集』を再発見、再評価する試みが始まったのである。

また、源順は、醍醐天皇の皇女勤子内親王の命を受けて、和名、つまり日本のことばを広く蒐集し、集めたことばを、天地・人倫・形体に始まる項目に分類して、各語に当たる漢字・漢語を挙げて『倭名類聚抄』（略して「和名抄」という）という書物を編纂した。それは、日本最初の百科辞典といってもよい内容を持つ書物であるが、この時代になってはじめて、日本語が、文筆の対象となったことを示してもいる。貴族官人の間では、さまざまな漢字・漢語の字書が用いられていたが、日本のことばを集めて辞書を作ることは、それまで考えられないことであった。

37　『倭名類聚抄』
（高山寺本，天理大学附属天理図書館蔵）

都と地方

日本史の中で、平安時代の半ばに展開した文化を、国風文化と呼んでいる。一般にある民族なり国家なりが、自らの文化を自覚する場合、自分たちが、周辺の遅れた国々に対して優位に立っていることを強調することが多い。中国は、周辺の国々を、東夷・西戎・北狄・南蛮と名づけ、自分の国を中華と呼んだ。ギリシャ人も、周りの民族は、人間のことばを話せないバルバロイであると考え、自分たちをヘラスの民であると考えていた。周辺の地域と比較して、自らを自覚したわけである。

日本人は、東夷の一部であったが、日本と唐との間には、東シナ海があり、朝鮮との間の海峡は狭くても、海流が早くて渡航は容易ではなかったために、東夷の中に緊密に取り込まれてはいなかった。唐の秩序の中に組み込まれていた唐文化圏の国々の中で、日本と唐との関係はやや特殊で、日本だけが律令法典を編纂し、唐風の都を建設し、国史を編纂して、小中華帝国をめざしていた。小中華帝国になるためには、中華帝国の文物の受容が第一であり、第二に日本を中心とする小世界を作ることが必要であった。日本の律令国家は、中央の朝廷と隼人（はやと）・

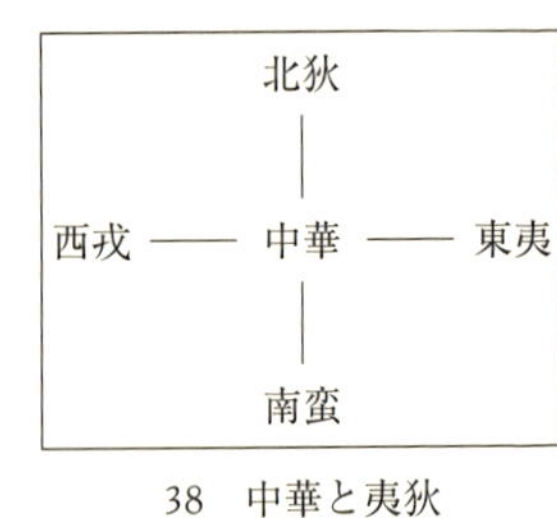

38　中華と夷狄

蝦夷（えみし）の服属という形をとって成り立っていたわけである。

平安時代になって、唐との緊張が緩和されても、唐の文化の価値が揺らぐことはなかった。したがって、国風文化というものを考えようとする時、日本人は世界の中心としての唐とその周辺の日本という関係のほかに、もう一つ日本の周辺の世界を想定し、その世界に対して日本的なものを自覚するという関係を作り上げなければならなかった。

日本の近く、例えば伊豆諸島の辺りや、九州・四国の南に、強大な島国があったとすれば、ことは簡単であった。それらの島国に対して、日本の方が中国に近く、高度な文物を先に受け入れていることになる。そうした国があれば、日本人は優位な立場に立つことで自国の文化を自覚化することができたに違いない。

ところが、中国から見て、日本のもう一つ外の行き来のできる範囲に、そうした島国はなかった。

そこで、日本人は、日本の国内の都から遠い地方を、夷狄(いてき)の国々に見立て、それに対する都の優位を強調することで、貴族文化を対象化し、国風文化を築いていくことになった。しかし、蝦夷や隼人が、雅びのひとかけらもないことばを話し、和歌を詠むことなど考えられない生活をしていたとしても、言語を異にする異民族であるわけではなく、異教徒でもなかった。例えば、大嘗祭(だいじょうさい)をはじめとする宮廷の儀礼は、稲作農耕の儀礼を基礎とするものであったから、宮廷の文化は、地方の文化と同じ基層文化の上に成り立つものであることは明白であった。

したがって、都と地方という、文化形成の軸は、鄙(ひな)、つまり田舎を都に対立する世界として観念的に作り上げることであった。国風文化は、雅びな貴族文化とともに観念的な田舎の世界を構築することによって成立したのである。平安時代を通じて、田舎の典型として作り上げられたのが東国であった。東国への旅の道には多くの歌枕があり、歌枕の地で、先人の歌に重ねて詠まれる歌は、その土地の実景ではなく、歌枕の地名によって呼び出される、観念の世界を表すものであった。そして、この都と地方という文化の軸は、中世を通じて文化を生み出す媒介になり、さらに近代にまで影を落とすことになった。

唐	——	新羅高麗	——	日本
唐	——	日本(都)	——	日本(鄙)
天竺	——	震旦	——	本朝

39　世界と日本

国文学の達成

『古今集』の撰者であった紀貫之は、歌人としての名誉は得たものの、官人としては不

男もすなる日記といふものを、
女もしてみむとてするなり。
それの年の十二月の
二十日あまり一日の日の
戌の時に門出す。そのよし、
いささかにものに書きつく。

40 『土佐日記』船出のいそぎ

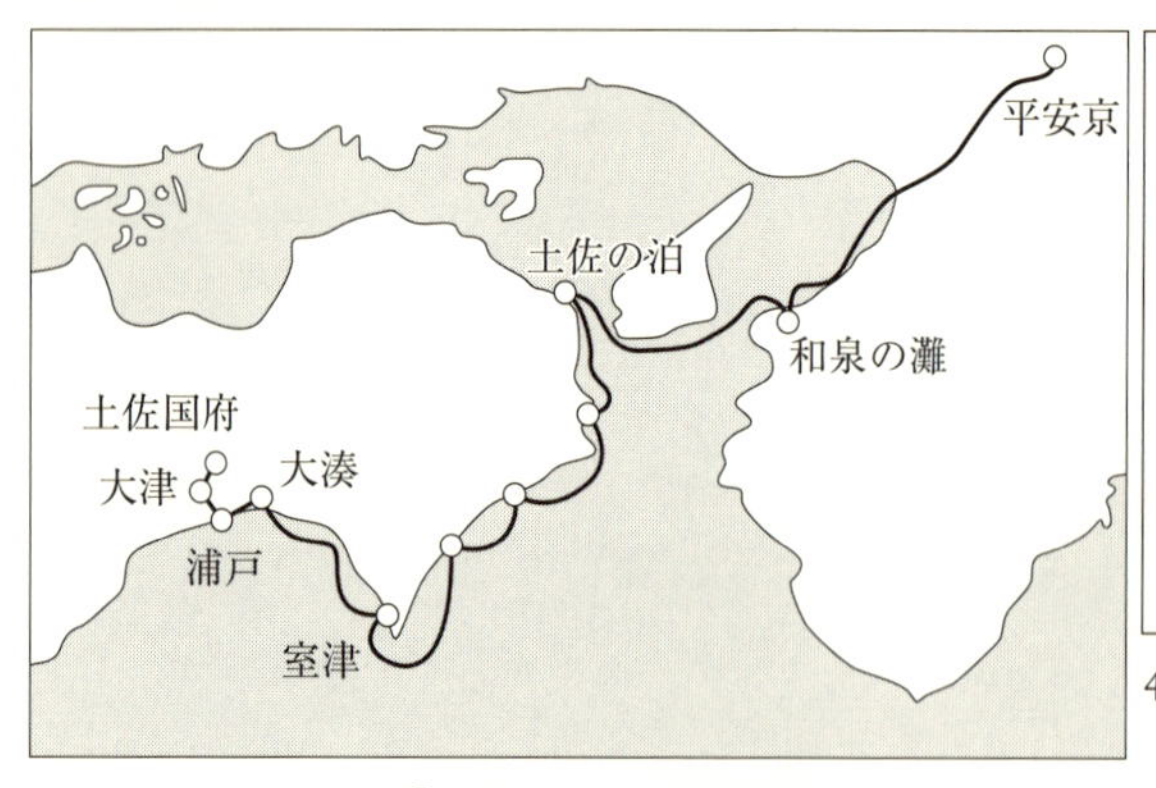

41 『土佐日記』舟出の行程

遇であった。晩年になって土佐守に任じられた貫之は、九三四年(承平四)、四年の任期を終えて、十二月二十一日に国府(現在の南国市)を出発し、長い船旅をつづけ、翌年二月十六日に京都の自邸に帰り着いたが、その旅の記録を『土佐日記』にまとめた。『土佐日記』は、和文で書かれているが、冒頭の部分に、男が書くという日記というものを、女の身である作者も書いてみたいと思うという文章があり、作者を女性に仮託することによって、かな文字で日記を書くことを正当化している。かな文字で書くことによって、『土佐日記』は、作者の私的な体験や感情を表現することができ、和文の文学作品の先駆となった。

文字に表記するやまとことばが整理・洗練され、和文の文章の形ができ上がる中で、文学的にすぐれた内容を持つ数々の物語が生み出された。中国では、早くから奇怪な話を記した伝奇小説が現れ、唐の時代になると盛んに読まれるようになったが、日本でもそれに倣って、一〇世紀の初頭に成立した『竹取物語』を先駆として、多くの伝奇物語が書かれた。他方、和歌の詞書の内容を豊かにし、和歌を取り込む形の物語が生まれた。在原業平を主人公にした『伊勢物語』がその代表的な作品であるが、一〇世紀の末から一一世紀のはじめに成立したものと考えられている。

こうした物語の流行を背景にして、一一世紀のはじめに紫式部（生没年不詳）が、物語だけでなく平安時代の文学を代表する『源氏物語』を著した。五四帖からなるこの物語は、天皇の皇子として生まれた光源氏を主人公にして、宮廷貴族の雅びの世界を余すところなく描き出した物語であるが、光源氏の死後の後段では、当時貴族社会に浸透しつつあった浄土教の影響を受けて、無常の世界に生きる人間の姿が浮き彫りにされている。『源氏物語』は、平安時代の文化の精髄を伝えるものとして読み継がれているが、世界の文学史の中でも、傑作として注目され、その成立は千年前の奇跡といわれている。

平安時代の文学は、宮廷の女房によって担われていたが、鋭い感性に裏づけられた随筆『枕草子』を書いた清少納言（生没年不詳）、『蜻蛉日記』の著者右大将道綱の母（九三五―九五）をはじめ、多くのすぐれた作者が出て、国文学の全盛時代を現出させた。

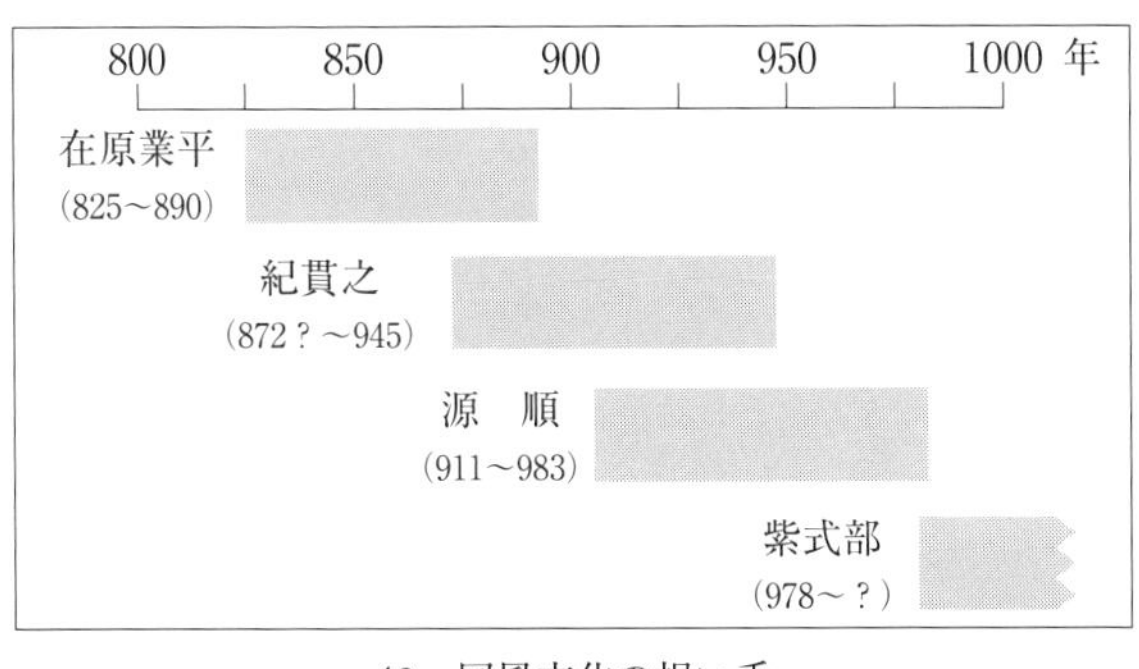

42　国風文化の担い手

6 仏教の日本化と庶民への浸透

貴族社会と仏教

平安京に都を遷した桓武天皇は、朱雀大路（すざくおおじ）の南端、羅生門（らしょうもん）の脇に東寺と西寺を置く以外、都の条坊の中に寺院を建てることを認めなかった。奈良時代の末には、強大になった寺院勢力が政治に介入するようになったが、新しい時代の仏教は、仏教のあるべき姿を求めて都から離れた山岳に寺院を開くことになった。留学僧ではなく還学僧として入唐（にっとう）し、新しい仏教を持ち帰った最澄は、帰国後、京都と近江国（滋賀県）の境をなす比叡山に延暦寺を創建し、最澄と同時に入唐した空海も、帰国後は京都の北西の高雄山寺（たかおさんじ）に住し、紀伊国（和歌山県）の高野山に金剛峰寺を建立した。

藤原氏の北家を中心に、貴族社会が作られていった平安時代の前期は、諸氏諸流の対立抗争が絶えなかったが、政争に敗れた皇子や貴族の中には、出家することによって政治的な野心を放棄したことを示し、都の郊外に住む人々が多かった。東山・白河・嵯峨などに建てられた別荘は後に寺に改められ、そこで行われる仏事法会（ほうえ）が、貴族たちの関心を集めるようになった。奈良時代とは違う、仏教と政治の関係が作り上げられていったのである。

他方、寺院の世俗化を嫌い、大寺院の中枢から離れた別所や山房に住んで、学問と瞑想に励む僧が

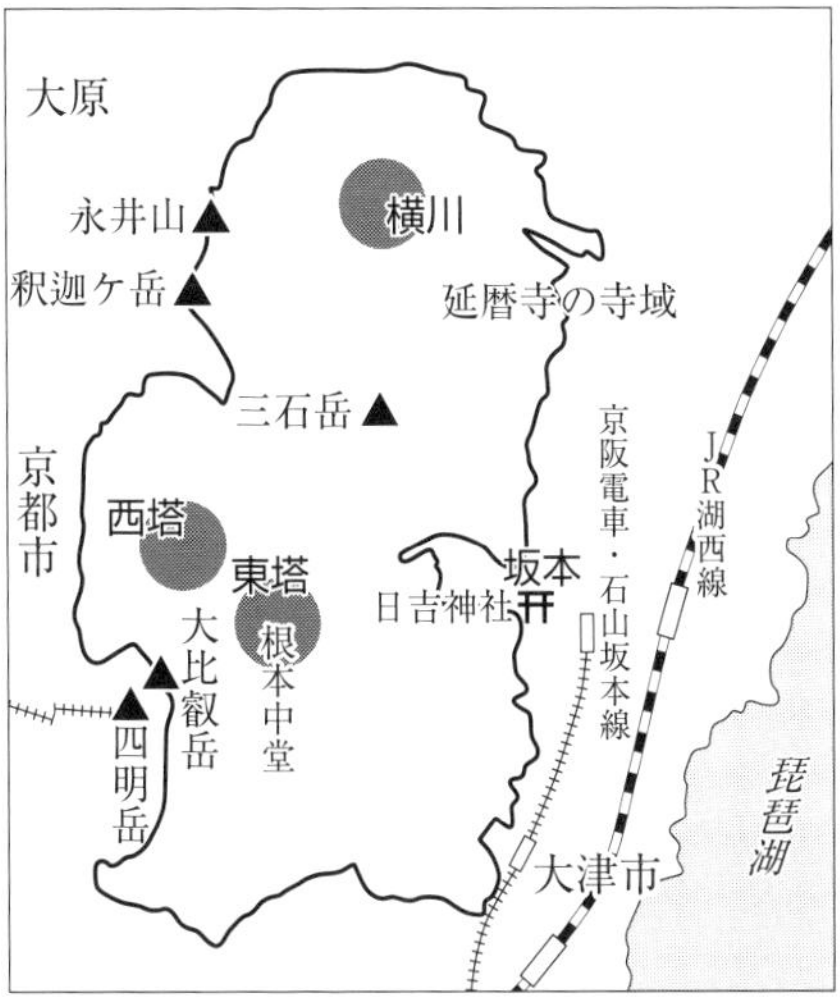

現れ、仏教に深い関心を持つ貴族の間では、そうした僧を聖（ひじり）と呼んで尊崇する人々が増えていった。大寺院から離脱した僧の中には、庶民の教化に努め、各地を遍歴する聖もあり、そうした聖と山岳などに集まる民間の行者との間には、さまざまな交流が生まれて、仏教と民間信仰との習合が進むことになった。

平安時代の中期になり、藤原氏を中心とする貴族社会の停滞が、覆い難いものになると、さまざまな不安から逃れられなくなった中下級貴族、なかでも、詩文を書くことによって地位を保っていた文人貴族の間で、浄土への関心が高まり、極楽往生を願うことが盛んになった。極楽の賛嘆を聞いた人々は、現世は厭い捨てるべき穢土（えど）であると思うようになり、現世の無常を語り合い、浄土に往生するためのさまざまな手だてを求めるようになった。平安時代の半ば以降、あいついで現れた物語や日記文学は、そうした貴族社会の思想的な動向を表現したものであった。漢文を書くことと異なって、かな文字と和文は、日本人の生活や感情を克明に描くことを可能にした。また、かな文字に頼った女性は、公的な立場に立つことがなかっただけ、日常生活の現実を見つめて人間の心の揺れ動きを捉え、

43　延暦寺寺域図（比叡山は五つの山の総称）

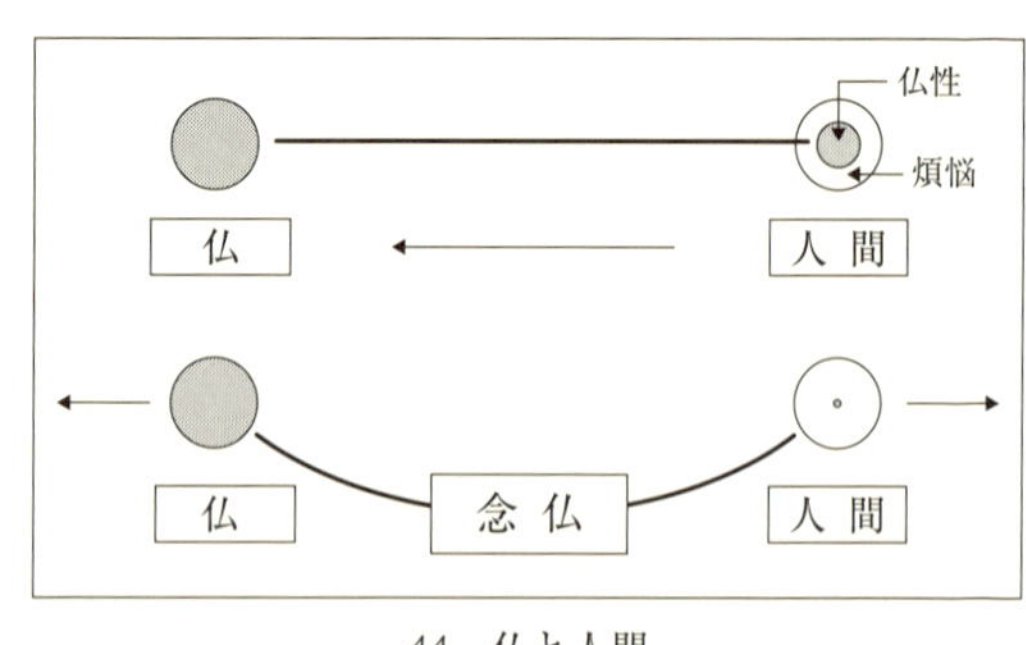

44　仏と人間

内面の観察を深め、人間のあるべき姿を問うのではなく、あるがままの人間を描き出すことを、物語や日記文学の主題に据えるようになった。こうした、文学の分野で進展した人間観の深まりを、思想の面で捉え直そうとしたのが、鎌倉時代の仏教の新しい動きであったと考えることができる。

人間の理解の深まり

仏教は、仏になるための教えであり、仏の悟りを得るために、膨大な経論とその註釈書を読解し、さまざまな修行を重ねるのが僧であった。僧の間では、仏は究極の理想像であり、不断の学問修行によって、一歩一歩近づいていくことが可能な目標と考えられていた。ところが、平安時代の半ばに、あるがままの人間を理解し、その内面を凝視しようとする人々が現れた時、罪深い人間には仏に近づいていく力はなく、仏となることなど求むべくもないという考えが、浮かび上がってきた。そうした考えを受け継ぎ、あるがままの人間のあり方を理解し、そこから人間の救いを考え直そうとする新しい仏教の模索が始まったが、その先駆となったのが法然であった。

法然（一一三三—一二一二）は、美作国（岡山県）の土豪の子として生まれたが、幼時に在地の政争で父を失い、一家が離散したために近くの寺に入った。数年後、法然は、比叡山に登って学問修行に励

み、浄土教の教学や戒律の理解を深め、南都の伝統的な教学の学習にも努めた。比叡山に登って三〇年を経た一一七五年（安元元）、法然は、唐の浄土教家善導の『観無量寿経』の註釈書を読んで、新しい立場に目ざめることになった。『無量寿経』によると、阿弥陀如来は、かつて法蔵比丘と呼ばれていた時に、四八の誓願を立てたが、その第一八願に、阿弥陀如来の名号を称えることに専念する人は、すべて往生できると書かれている。法然は、善導が『観無量寿経』の註釈の中で、称名念仏こそすべての人々にとって実行可能な行であり、すべての人間を平等に救おうという阿弥陀如来の誓願に適う行であると説いているところに、信仰の拠り所を見出した。

さまざまな教えの中から、称名念仏を選択し、専修するという点で革新的な教えであった法然の主張は、数多くの門弟に受け継がれたが、それをより徹底させたのが親鸞であった。親鸞（一一七三—一二六二）は、下級公家の子に生まれ、幼時に比叡山に入った。二〇年近くの修行ののち、比叡山を出て法然の門に帰した親鸞は、ひたすら法然の教えにしたがい、法然と門弟たちが弾圧された時に、流人として越後国（新潟県）に送られ、赦免の後も都に帰らず、関東に移って、農民と生活をともにする中で、人間の内面の凝視を徹底させていった。悪人でしかありえな

45　法　然
（二尊院蔵）

46　親　鸞
（西本願寺蔵）

い人間の本質を凝視しつづけた親鸞にとって、阿弥陀如来は、人間の理想や目標ではなく、隔絶した存在であると考えられた。親鸞は、人間のはからいを徹底的に否定して、阿弥陀如来の慈悲にすがる以外に救いの道はないという、他力の立場を開き、阿弥陀如来の名を呼びつづけることだけが、信仰の実践であると教え、晩年は京都に帰って、信仰の要諦(ようたい)を表す著述をつづけ、関東の門弟たちに書簡を送って、信心の在り処を説きつづけた。

大陸の仏教への関心

大寺院の世俗化が進み、そこに集まる僧たちが、政治的な争いに明け暮れ、人々の宗教的な求めに応えることができなくなった時、それを改革しようとした僧の間に、中国の仏教への強い関心が芽生えた。中国の文物への関心を新たにすることによって、停滞を覆いきれなくなった日本の思想・文化を立て直そうとする動きは、平安時代の末に幅広く見られるようになったが、仏教の面では、宋代の仏教の主流になっていた禅(ぜん)の摂取として現れることになった。

禅は、唐の時代に成立した中国の民族的色彩の濃い仏教で、煩瑣な教学仏教を否定し、宗教的な体験を重んずるものであった。日本には、奈良時代以来、数度にわたって伝えられていたが、難解な教学を学ぶことを中心にしていた日本では、禅の主張は理解され難く、一宗をなすにはいたらなかった。ところが、平安時代の後期に入って、世俗の権力と結びついた仏教勢力の権威が揺らぎ始め、教学論議よりも、信心と修行を重んずる人々が現れると、改めて、禅の主張とその修行への関心が芽生えることになった。

平安時代の末、備中国（岡山県）の社家に生まれた栄西（一一四一―一二一五）は、比叡山の僧となったが、停滞した天台宗の立て直しを図って宋に渡り、禅宗が主流となっていることを知った。当時、日宋の交流が盛んで、中国仏教の聖地を訪ねる僧も少なくなかったが、栄西は禅を学ぶために再び宋に渡った。最澄以来、日本の天台宗は、円・禅・戒・密の四宗融合を唱えていたから、栄西は、禅と戒を取り入れることによって、天台宗を立て直そうと考えた。栄西は、虚庵懐敞から臨済宗黄竜派の禅と戒を受け、のちに、臨済宗が日本の禅宗の主流になったために、日本の禅宗の祖として知られるようになった。

47　栄　西
（両足院蔵）

48　道　元
（宝慶寺蔵）

禅を深く理解し、仏教の革新に大きな影響を与えたのは道元（一二〇〇―五三）である。道元は、鎌倉時代の初期の公家政略家として知られる、久我通親の子として生まれたが、出家して、あるべき仏教を求めて諸寺を訪ね、栄西が開いた建仁寺で禅宗に出会った。本格的な禅を求めて入宋した道元は、浙江省にある天童寺の長翁如浄の下で坐禅し、曹洞禅の悟りを得て帰国した。唐代の純粋な禅を理想とした道元は、名利を求めることを戒め、ひたすら坐禅すべきことを説いて、教学を中心とする既成仏教の立場を否定した。

当時、宋は北方民族に圧迫されていたため、鎌倉時代の半ば以降、あいついで禅僧が来日した。鎌倉幕府は、公家社会に対抗する宗教的な権威を得るために禅宗を支援し、つぎつぎに禅宗寺院を創建したが、蘭渓道隆（らんけいどうりゆう）（一二一三―七八）、無学祖元（むがくそげん）（一二二六―八六）は、中国風の禅宗を伝え、禅宗の興隆に大きな影響を与えた。

現世への回帰

法然から親鸞への流れの中で人間の理解を深め、栄西から道元への動向の中で純粋な禅に到達した仏教革新の動きは、おくれて登場する日蓮と一遍によって、仏教の日本化を一段と進めることになった。

日蓮（一二二二―八二）は、安房国（千葉県）の武士の子として生まれ、幼時に地元の寺に入り、僧としての立身をめざして学問に励んだ。日蓮は、法然や親鸞、また道元が求めた個人の救済よりも、日本国を正しく導くことに関心を持ちつづけた。国のあるべき秩序を考えた日蓮にとって重大な関心事は、停滞した貴族社会の中で顕在化する無力感、孤独感からの救いであり、修学と瞑想に専念する僧の個人意識の問題を超えて、承久の乱後の東国を背景にした社会と政治の秩序を明確にすることであった。

日蓮は『法華経』の世界に絶対的な秩序を見出し、『法華経』の理想を実現するために、この世に派遣されたのが自分であると信じた。武士や庶民の生活を全面的に支える教えを説こうとした日蓮は、浄土往生や、禅の神秘的な悟りを説くのではなく、法華経的世界に統合されることを前提として、神祇信仰や儒教の道徳を積極的に取り入れた。こうした日蓮の思想によって、現世の日常的な問題が、はじめて仏教と関連づけられるようになり、仏教の日本化が進められることになった。

日蓮の教えは、積極的に現世の問題に応えることによって、武士・庶民の間に受け入れられていったが、同じころに、現世のすべてを捨てることに信仰の境地を見出したのが一遍であった。一遍（一二三九―八九）は、伊予国（愛媛県）の有力武士の子として生まれたが、一族の争いから逃れて出家の身となり、法然の弟子証空の門弟聖達に学んで、念仏による往生の信仰を得た。故郷を出て各地を遍歴し、寺院に定住することをしなかった一遍は、阿弥陀如来は浄不浄を選ばず、すべての人間を往生させると説いて、念仏を勧め、浄土往生のしるしとしての賦算（ふさん）を配りながら各地を歩いた。信濃国（長野県）で念仏を称えていた時、突然人々が踊り

49　日　蓮
（本門寺蔵）

50　一　遍
（無量光寺蔵）

出したのを契機に、踊りながら念仏を称える高揚の中で、信心を得る踊り念仏を始め、布教活動の中に取り入れられるようになった。

死に臨んで、所持していたものを焼き捨てさせた一遍は、集団を組織だてる意思を持っていなかったが、一遍の弟子の他阿真教(たあしんきょう)が、遊行(ゆぎょう)の集団を組織し、門弟の間で一遍のことばを書き留める仕事も始められた。

既成仏教の動向

法然や栄西の活動が始まった時、仏教界の権威を守ろうとする南都北嶺の寺院勢力は、警戒を強め、新しい動きを管理しようとした。新しい仏教の教えを聞いた庶民の中には、仏の慈悲の前では、罪を犯すことを恐れる必要はないと考え、戒律を無視する行動に走る者が少なくなかったし、宋代の仏教の風儀を持ち込んだ禅も、仏教界の秩序を乱すものと思われた。

法然と門弟たちの行動を弾圧する動きは、比叡山から起こったが、南都の興福寺にいた法相宗の学僧貞慶(じょうけい)(一一五五—一二一三)も、法然の主張が正統性を持たず、人々を惑わすものであることを朝廷に訴えた。法然の集団は、一二〇七年(承元元)、院と朝廷に断罪され、二人の門弟が死罪に、法然と主要な門弟は遠流に処せられた。親鸞が都を追われたのはこの時のことであった。栄西も都での活動を禁じられ、のちに道元も既成の寺院からさまざまな圧迫を受けて、越前国(福井県)に永平寺を開くことになった。

ここ一世紀の間、日本仏教史の研究者の間では、鎌倉時代に起こった、浄土宗・浄土真宗・時宗・日蓮宗・臨済宗・曹洞宗の六つの新宗派の動きを、一六世紀のヨーロッパの宗教改革の新教になぞらえ、新仏教を批判し弾圧しようとした南都北嶺の仏教を、鎌倉旧仏教と呼んできた。南都北嶺の大寺院の僧たちは、正統的な教学を重視する立場に立って、仏教界の権威を守ろうとしたが、まったく新しい時代の動向に背を向けていたわけではなかった。

大きな時代の変わり目に立って、既成の仏教も教学の再編成を迫られ、法相宗の貞慶、華厳宗の明恵（一一七三―一二三二）、北京律の俊芿（一一六六―一二二七）などのすぐれた学僧が現れて、平安時代の教学研究を集大成したが、南都で活動した叡尊（一二〇一―九〇）とその弟子忍性（一二一七―一三〇三）は、西大寺を拠点として律宗を再興し、幅広い社会事業を行って、日本の仏教に新しい面を開いた。

既成仏教も新しい時代への対応を見せたが、新しい仏教は、庶民への積極的な布教活動を展開し、つぎの時代にそれぞれの教団を形成した。布教活動をするためには、それぞれの宗派が明確な教えを持つことが必要であったが、各宗の祖師は、すぐれた宗教者であると同時に、その教えを体系化した学僧であった。いわゆる鎌倉新仏教は、既成仏教の中で行き方を異にした僧が、同調者を伴う分裂の中で成立したものではなかった。新仏教はいずれも、既成仏教にあきたらず、大寺院から離脱した祖師の周りに徐々に集まった同志や信徒たちによって形成された。発端においては、思想運動というべき性格が強かったと考えられる。

7 公家と武家の文化

王朝憧憬

東国の鎌倉に武家の政府が成立して以来、京都の政治的な都市としての地位は低下し、京都は文化の担い手である公家の都になり、高度な技術を伝える職人の町になった。公家は伝統的な文化を諸々の分野に分けて、その一つ一つを分担し、その専門性を高めることで、武家に対抗できる権威を持とうとしたが、専門的な担当分野は、家ごとに家業として受け継がれるようになった。

公家文化を代表するものの一つは、和歌であった。和歌は宮廷の社交の文学であったから、貴族たちは専門的な歌人の指導を受けて、和歌の技法を学び、斬新な和歌を作ることを競い合った。『古今和歌集』に始まる勅撰和歌集は、鎌倉時代のはじめに第八番目の『新古今和歌集』で、和歌史を画する達成を見せ、室町時代半ばの第二十一番目の『新続古今和歌集』までつづいたが、その編纂事業は貴族たちの関心の的であり、自作の和歌が入選することは、大変な名誉と考えられていた。

宮廷の行事をはじめ、さまざまな機会に歌合わせが催された。歌合わせに詠進した歌人たちは、一番ごとに勝ち負けを競うことになったが、その判定を下す判者は和歌に通じた専門家でなければならなかった。技巧を競う中世の和歌は本歌取りや見立ての歌が少なくなかったから、判者は和歌の伝統

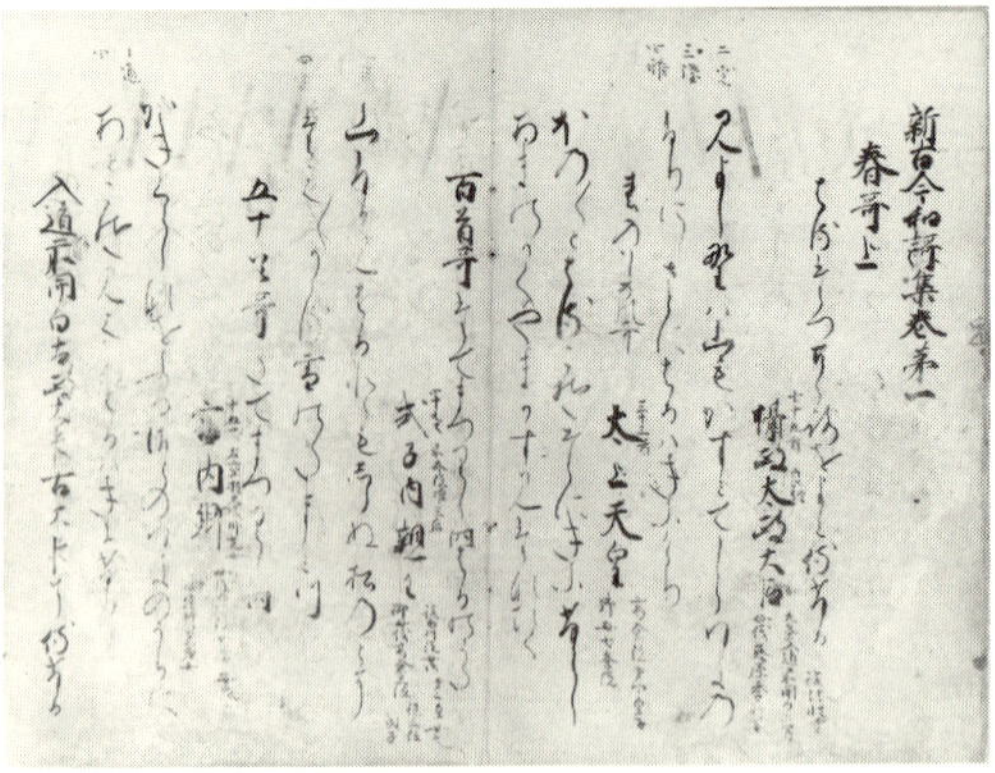

51 『新古今和歌集』第二類切継時代本
（天理大学附属天理図書館蔵）

について広く深い知識を持っていなければ、人々を納得させる判定を下すことはできなかった。しかも、専門歌人であるためには、自分自身がすぐれた歌を作りつづけることが必要であった。

和歌を家業とする専門歌人たちは、権威ある和歌集を編み、和歌をめぐるさまざまな伝承や規則をまとめて歌論書を著し、そうした家業を子孫に伝えることを求められたが、それは容易なことではなかった。その上、専門歌人であるための苦労は社会的に報いられることは少なく、停滞し、縮小していく公家社会で、歌人が名誉を得たとしても、それが経済的に報いられることは期待できなかった。したがって、和歌の家を守っていくための精進は、宗教的ともいえる支えを必要とするようになり、和歌の「道」が立てられるようになった。柿本人麻呂や山部赤人が歌道の神として祭られたのは、その表れであった。

歌人の例に見たことは、公家文化を細分化したすべての分野に共通の動向であった。文字の書法、漢籍や和書の学問、笛・琴・琵琶などの管弦、蹴鞠・聞香をはじめとする公家の遊びなど、公家文化を構成するすべての要素が道として立てられ、守り伝えられることになった。

公家文化の構成

政治的な力を失った中世の公家は、平安時代以来の知的・文化的な活動を受け継いでいることを誇示して、武家に対する優位性を示そうとした。公家が守ろうとした文化は、すでに前代に頂点を極めたものであったから、ひたすら憧憬の対象として仰がれるものであり、理想化・観念化されていった。ここで、中世の公家文化の全体を眺めておきたい。

一二五四年（建長六）十月、橘成季（たちばなのなりすえ）という下級の公家が、長年にわたってつづけていた『古今著聞集（ここんちょもんじゅう）』という説話集の編纂の仕事を終え、ささやかな自祝の宴を催した。説話集というものの性格を説明することは難しいが、簡単にいえば貴族社会に伝えられていたさまざまな言い伝えや噂などを集成したもので、平安時代半ば以降つぎつぎに編纂されるようになった。そこで、説話集の内容を注意して見ていくと、説話集を編纂したり、読んだりした公家たちが、何に関心を持ち、どのような知識を人々に伝えようとしていたかを、読み取ることができる。

『古今著聞集』は、『今昔物語集』についで多数の説話を収めているが、編者の成季が収集した七百余の説話を三〇の篇目に分類し、篇目ごとに集められた説話をきちんと時代順に並べて、読者の検索を容易にした説話集である。そして、全体は『古今和歌集』に倣って二〇巻に編成されている。

ここで、少し煩雑になるが、成季が集めた説話を分類した三〇の篇目と、その内容について見ていくと、

①神祇（神祇の祭祀に関する説話）、②釈教（仏教に関する説話）、③政道忠臣（政治のあり方を考えさせる話）、④公事（くじ）（年中行事や朝廷のさまざまな儀式に関する話）、⑤文学（漢詩文についての伝承）、⑥和歌（歌人や歌会に関する話、秀歌についての伝承）、⑦管絃歌舞（音楽の種類と効用についての説話）、⑧能書（名筆家の説話）、⑨術道（陰陽道・医術などに関する説話）、⑩孝行恩愛（親子の愛情に関する話）、⑪好色（男女の愛情に関する話）、⑫武勇（武勇を発揮した説話）、⑬弓箭（きゅうせん）（弓矢の技に関する話）、⑭馬芸（神事の競馬、宮廷儀式における馬事、随身の馬芸など）、⑮相撲強力（宮中で行われていた相撲の話）、⑯画図（名高い絵師と名画の説話）、⑰蹴鞠（しゅうきく）（蹴鞠の会と名手の説話）、⑱博奕（ばくえき）（種々の博打と名高い賭博人の話）、⑲偸盗（ちゅうとう）（盗賊と盗賊に襲われた人の話）、⑳祝言（祝賀会に関する説話）、㉑哀傷（悲しみや苦しみに関する説話）、㉒遊覧（雪見花見などの遊宴の説話）、㉓宿執（執念や怨念にまつわる説話）、㉔闘諍（とうじょう）（種々の確執に関する説話）、㉕興言利口（きょうげんりこう）（即興の警句、秀句に関する説話）、㉖恠異（かいい）（流星・辻風など天変地異に関する話）、㉗変化（へんげ）（妖怪変化の話）、㉘飲食（おんじき）（宴会や飲酒、食物に関する説話）、㉙草木（桜・菊・紅葉などを愛する人々の話）、㉚魚虫禽獣（動物と人間との関係についての説話）

という並べ方になっており、成季は、この三〇の篇目を、中世の文化を構成する基本的な項目と考えていたといってよいであろう。冒頭の①から④までの順序は、成季が考えていた秩序意識を表しており、⑤の文学と並べて⑥の和歌を立て、⑦から⑨の三篇目が公家の技能として取り上げられ、⑩⑪⑫が人間の在り方、⑬から⑰までが公家社会に一角を占めている技能、⑱⑲は公家社会の外に立ち現れるもの、⑳から㉕までは人間関係をめぐるさまざまな問題、㉖㉗は人間の目に見えないもの、㉘から㉚までは人間の食物と植物と動物という三〇の篇目は、中世の公家の知識の体系を示すものであり、中世の公家たちが考えた文化の構成を表すものと考えられる。

武家社会の行事

鎌倉時代になって新しく開かれた幕府が政権を維持していくためには、文筆の能力を欠くことはできなかった。所領を安堵し、戦功にふさわしい恩賞を与えるには、確実な合戦の記録がなければならなかったし、公家政権との交渉には文書作成の専門知識が必要であった。東国の武士の中で、文字が読め、文章を書くことのできる者は少なかったので、幕府は武士の中から文筆官僚を取り立てることはできず、京都から公家を迎えざるをえなかった。

公家社会の行き詰まりの中で、自分の能力にふさわしいところを得ることができないと感じていた公家の中で、実務に堪能な人々が幕府に迎えられ、幕府の中に確かな地位を得るようになった。京下りの公家は、幕府の文筆事務に携わる傍ら、幕府の権威を高めるために、武家の儀式典礼や年中行事の形を整えていった。幕府は公家風の儀式行事を取り入れることによって、朝廷や院に近づこうとし、京下りの公家は、儀式行事を事細かに行うことによって、自分自身の立場を認めさせることができると考えた。また、それぞれの本領を離れて鎌倉に集まる上層の武士たちも、幕府の儀式行事に参加することを、在地の武士たちに対する権威の拠り所にした。

そういう中で整えられていった幕府の儀式行事は、すべてが公家文化の中から抜粋したり、それをまた簡略にしたりしたものであった。幕府では、新年の宴会である椀飯(おうばん)、仕事始めの儀式である吉書(きっしょ)始めをはじめ、さまざまな行事が執り行われたが、それらの中に、東国の農村に住む武士たちの間で行われていた民俗的なものを取り入れようとはされなかった。

幕府の行事の中で、最も重視されていたのは、鶴岡八幡宮の祭礼であった。源頼義は前九年の役の際に、鎌倉の由比郷に石清水八幡宮を勧請して戦勝を祈願したが、その子義家が小林郷に社殿を移した。義家の子孫に当たる頼朝は、平氏打倒の旗揚げをした一一八〇年（治承四）以降、小林郷の八幡宮に戦勝を祈願しつづけ、一一九一年（建久二）、現在の場所に神殿を移して鶴岡八幡宮とした。

鶴岡八幡宮は、鎌倉幕府の守護神として尊崇され、将軍は毎年一月一日に参詣するのを例とし、八月十五日の放生会(ほうじょうえ)の大祭には、将軍が参列して、流鏑馬(やぶさめ)などが奉納された。競技に参加する御家人たちは、主君に、弓馬の美技を認められることを、この上ない名誉と考えていた。放生会は、殺生を禁断し、捉えた生き物を放つ神仏習合の祭りであるが、幕府はその祭りをはじめ、鶴岡八幡宮の祭礼を大々的に行うことを通じて、御家人を統制しようとした。

流鏑馬、笠懸(かさがけ)などの競技は、鶴岡八幡宮の大祭の行事として有名であるために、武家の文化のしるしのように思われているが、前に挙げた『古今著聞集』の篇目の中に、弓箭、馬芸があるように、公家社会では随身などの技芸として、すでに登録済みの項目であった。

主従の倫理

一般に、政治的な組織が作られ、それが安定期を迎えると、組織制度の維持のために教育の組織制度が作られる。律令国家は大学・国学を設け、平安時代の貴族社会は、大学別曹を設けて一族の子弟に基礎的な教育を施した。大寺院も新しい門弟の教育のために、経論解読のための教育課程を持っている所が多かった。しかし、鎌倉幕府は、創立以来一世紀半の歴史を持ったにもかかわらず、武士のための教育の組織や機関を置くことをしなかった。

武士の教育は、幕府の儀式行事に参加する中で行われ、文筆の知識は京下りの公家から授かり、この時代に始まる氏寺の僧について学ぶことも多かったと思われるが、そうした中で重視されたのは、巻狩(まきがり)であった。平安時代に荘園領主が領内に狩庭(かりば)を設定して、狩猟を維持することが行われていたが、鎌倉時代に入って、狩猟を業とする人々を支配下に置き、狩庭を軍事的な訓練の場とすることが多くなった。集団で行う狩猟を合戦に見立てて訓練を行う時に、四方に分かれた集団が獲物を追い詰めていく狩りを巻狩といったが、武士は巻狩などの軍事訓練に参加する中で実地に教育されていた。

軍事的な組織は、指揮命令の系統を明確にし、命令に従うことによって統一的な行動が実現される。したがって、武家社会は戦闘集団としての面では、主人の命令には絶対に服従し、従者は主人のため

52　後鳥羽上皇
（水無瀬神宮蔵）

53　藤原定家

には命を惜しむことなく戦うことが求められた。主従の倫理・道徳は、武士にとってハレの場の行動を支えるものであったが、その主従関係が、ケの場つまり日常の面にも及ぼされ、主君は御家人の土地を安堵し、また功績に応じて、新しい恩賞を与え、御家人の方は、将軍に対して事が起これば馳せ参じ、命を賭けて戦うことが求められるようになった。

しかし、日常の場で成り立つ主従関係は、相互の契約という性格を持っていたから、主君が従者を保護する義務を負えなくなった場合には、従者は主君の命に背いても構わないという、双務契約的な考えが生まれ、主人と従者との力の差が少ない場合には、一方的に主人の命令を通すことはできなくなる。

ただ、文学作品などを書いた公家たちは、主従関係を武家社会特有のものと見る傾向が強かったので、従者に対する主人の恩情に満ちた振る舞いと、主人のために命を賭けて戦う従者の行動を、軍記物や説話の中に描き出すことが多かった。

鎌倉時代の文学

武士の台頭によって、政治的後退を余議なくされた貴族は、文化の担い手としての立場を主張するようになったが、その中心になったのが和歌であった。後鳥羽院の勅を受けて始まった『新古今和歌集』の編纂には、藤原俊成（しゅんぜい）、定家（ていか）をはじめとする専門歌人が集まり、繊細華麗なことばの技巧を競い、職業歌人でない西行（さいぎょう）、慈円（じえん）などの歌は、自ずからなる感情の流露を歌で表現し、鎌倉の源実朝も、力強い調べの歌を詠んだ。

平安時代の文学は、私的な内面の世界を表現しようとしたが、鎌倉時代に入って、動乱の時代を写し、人間のあり方を考え、思想的な内容を含む記述をしようとした時、前代の和文では書き尽くせないものがあることを感ずる人々が多くなり、鴨長明の『方丈記』に代表されるような和漢混淆文が生み出されることになった。かな交じりの文章の成立によって、漢籍や仏典のことばを自由に取り入れることが可能になり、日本語の文章は広く強い表現力を持つようになった。

鎌倉時代に入ってつぎつぎに編纂された『宇治拾遺物語』『十訓抄』『発心集』『撰集抄』『宝物集』などの説話集は、集められた説話の世界も、文体も多様であり、文学の世界が広げられたが、物語は、前代の伝統を守るだけで新しい

54　西　行
（神宮文庫蔵）

55　慈　円
（個人蔵）

56　鴨　長明
（国立国会図書館蔵）

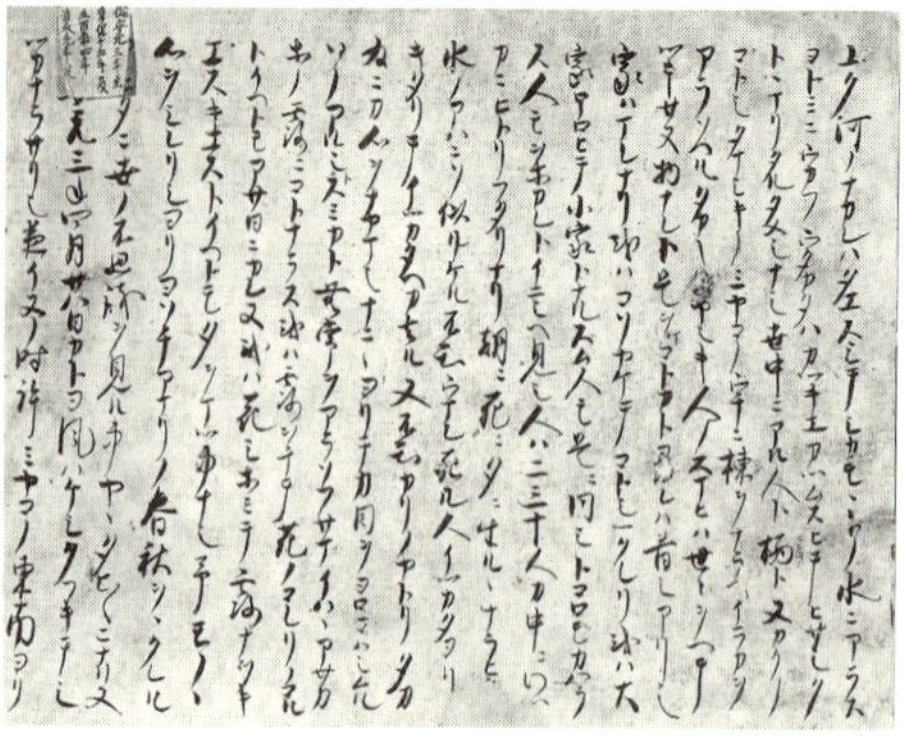

57　『方丈記』（大福光寺蔵）

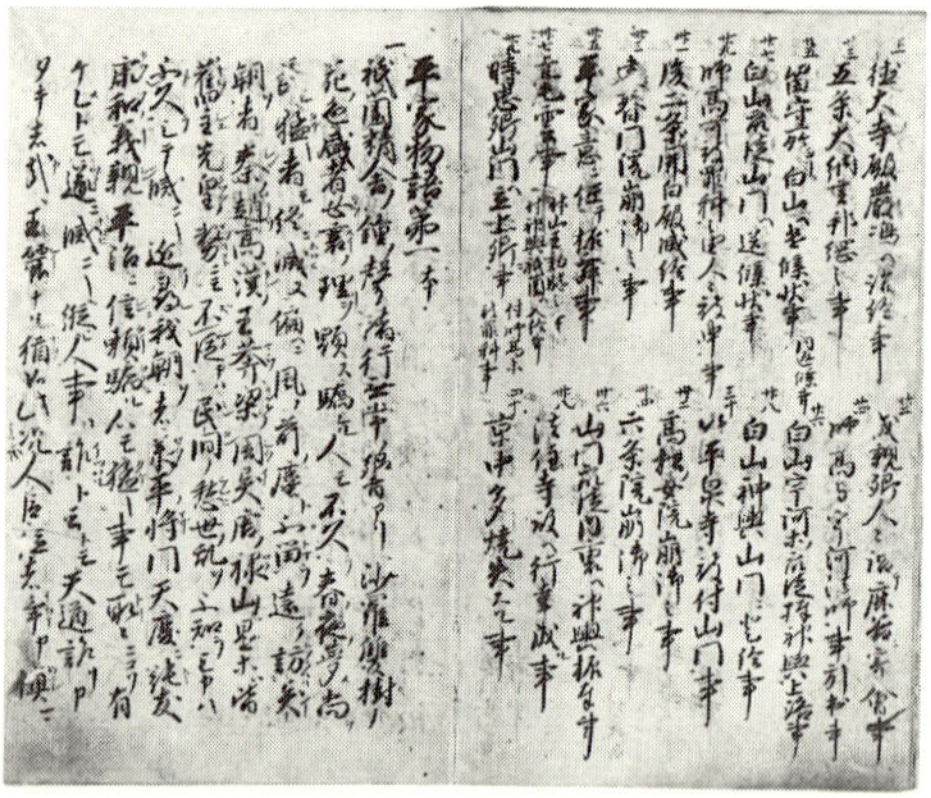

58　『平家物語』（大東急記念文庫蔵）

展開は見られず、京都と鎌倉の往来が盛んになったことを背景にして、『十六夜日記』『東関紀行』『海道記』などの紀行文が書かれたことが注目される。

平安時代も後期に入って、各地で戦乱が起こると、公家たちも遠い所の戦乱に興味を抱いて合戦の顛末を記述するようになった。はじめ、合戦の記録は簡単なものであったが、保元の乱で、都が戦場になって以来、公家にとって戦乱は余所事ではなくなり、『保元物語』『平治物語』『承久物語』という軍記が書かれることになった。

なかでも、戦乱の広がりと年月の長さで他の内乱とは比較にならない治承・寿永の内乱、源平合戦の顛末を記述した『治承物語』は、成立して間もなく増補が始まったと考えられた。また、鎌倉時代の末に琵琶法師の語りの台本として、現在見ることのできる『平家物語』の原型が成立し、語りの本ではなく読む本として『源平盛衰記』をはじめ種々の本が成立した。

動乱の時代を生き抜き、武家社会に対する観察と理解を深めた公家によって書かれた『平家物語』は、高度な文筆能力を駆使して、武家の台頭のありさまを描き出した古典として、世界の中世叙事詩の中で、最も高度な達成を示す作品とされている。

8 芸能の成熟

寺社の芸能

さまざまな芸術の中に、人間の身体で表現するものがあるが、その技法と型の伝承を芸能という。歌謡・舞踊・演劇などが、その代表的なものであるが、日本史上、芸能が豊かな展開を見せ、伝統として受け継がれるような成熟に達したのは、中世であった。

日本の芸能のさまざまな伝承は、記紀神話の中にも見出すことができる。天の岩戸の前で、アメノウズメをはじめとする神々が演じた歌や踊りは、芸能の起源となったとされており、ウミサチヒコがヤマサチヒコの前で、満ち潮の海で溺れるさまを演じたという伝えも、隼人の古い風俗舞のおもかげをしのばせる。

外国からもさまざまな芸能が伝わってきた。百済人は、中国の伎楽（ぎがく）を伝えたし、舞楽や管弦の中には、インドや西域から砂漠を越えて伝えられたものも含まれていた。宮廷や大寺院は、外来のさまざまな芸能を取り入れて、華麗な儀式を行って衆目を集め、権威を高めようとした。八世紀の初めには、治部省に雅楽寮が置かれて、楽人・舞人の養成を国家的な組織の下で行うようになった。

外来の高度な技術と高価な楽器や装束を要する音楽や舞踊は、宮廷と大寺院に伝えられていたが、曲芸や物真似(ものまね)・幻術などは、宮廷の宴会などで人気を博しただけでなく、庶民の間にも広まっていった。藤原明衡(あきひら)の『新猿楽記(しんさるがっき)』には、平安時代中ごろの京都で人気の的になっていた芸能のことが書かれている。庶民の間にも、さまざまな芸能があったが、その担い手たちの中には、宮廷や大寺院の芸能を取り入れ、各地を漂泊する人々が少なくなかった。

平安時代の後期になると、地方の民間に伝えられていた芸能を演ずる人々が、大挙して都に流れ込んで歌い踊り狂うことがしばしば起こり、貴族社会の停滞の中で、不安定な状態に陥っていた人々に衝撃を与えることも多かった。

宮廷と寺社の芸能は、さまざまな行事の中に組み込まれ、仏菩薩の面と装束をつけて、幻想的な仏の世界を現出させ、人々の間を練り歩く行道(ぎょうどう)、さまざまな仮装行列を繰り出して観衆を楽しませる風流(ふりゅう)などが盛んになった。他方、漂泊の芸能者などが観衆を集めるようになると、寺社は境内の広場や門前に舞台や桟敷を作って、勧進興行を盛んにしようとし、演目にもさまざまな工夫が加えられるようになった。

踊りと曲芸、歌謡と語り物、操り人形、物真似などさまざまな芸能が人々を集めたが、田植え歌と田の神をもてなす芸能から発達した田楽(でんがく)は、歌と踊りを集成した芸能として大きな流れになり、

59　当麻寺の練り供養

巧みな物真似で観衆を沸かせる猿楽（さるがく）も、趣向を凝らして得意の演題を持つようになって、もう一つの流れを形成していた。

能の成立

平安時代の後期以降、さまざまな芸能の中で、田楽と猿楽が人気を集めるようになったが、鎌倉時代に入ると、猿楽が舞台芸能として発展し、大寺社の行事に取り入れられるようになって、寺社の庇護の下に猿楽座が作られることになった。猿楽座は各地に誕生したが、物真似にすぐれた大和猿楽と、歌舞を重んじた近江（おうみ）猿楽が名を知られるようになり、南北朝時代には、大和猿楽の中で、興福寺の配下にあった円満井（えんまい）・坂戸・外山（とび）・結崎（ゆうざき）の四座の活動が目立つようになった。

そうした中で、結崎座を率いる観阿弥清次（一三三三―八四、異説がある）という役者が、天性の素質と不断の努力によって、人々を魅了する演技を生み出し、足利義満の目をひいて、将軍家の後援を受けるようになり、京都に進出して活動の場を広げた。観阿弥の成功は、物真似を主としていた大和猿楽の芸風に、田楽の律動感や近江猿楽の華麗な歌舞を併せ、幽玄の美を表す新しい芸風を創造した点にあった。

観阿弥の子世阿弥元清（一三六三？―一四四三？）は、役者としての素質に恵まれ、将軍義満の庇護の下で、父が開いた幽玄の能を、貴人の鑑賞に堪えうる高度な舞台芸術に高めた。万能の舞台芸術家であった世阿弥は、役者としてすぐれていただけでなく、数多くのすぐれた能本を書き、人間の目には見えない神仏や精霊、怨霊などを舞台に登場させる夢幻能の形式を作り上げ、『風姿花伝』（花伝書）、『花鏡』『拾玉得花』をはじめとする多くの能楽論書を著して、能の特質を説き明かした。また『申楽談義』は、次男元能による世阿弥の談話の聞き書きであるが、父観阿弥について語られている部分などは、特に興味深いものがある。

大和猿楽は、観世座を先頭に、金春（円満井）、金剛（坂戸）、宝生（外山）の三座が活動したが、近江猿楽の流れは振るわず、室町時代中期には衰えた。戦国時代の武将の中に、能の愛好者が少なくなかったが、豊臣秀吉は、自分自身舞台に立つほどの能の愛好者で、猿楽の保護に努めたが、徳川幕府は、能楽を式楽として採用し、大和四座に典礼の能を演じさせた。江戸時代のはじめ、金剛座に出た金剛三郎は、すぐれた芸で人気を博し、徳川幕府から一流派を立てることを認められた。金剛三郎は北七大夫と称したが、二代目以降喜多と名乗ったので、能は四座一流の体制で、伝統を伝えることになった。

能が、能役者だけで上演できるものではないのはいうまでもない。太鼓・大鼓・小鼓・笛の囃子方では、二つの楽器を兼ねることは許されず、楽器ごとにいくつもの流派に分かれて奏法を伝え、面・仮髪・冠り物・装束・作り物・小道具などが、すべて厳格な分業で維持され、それぞれの伝統を守って現在に至っている。

神	脇能物
男	修羅物
女	鬘　物
狂	狂女物
鬼	鬼畜物

60　能の五番立

能本と能舞台

舞台芸能である能は、現在では謡曲と呼ばれる脚本に基づいて演じられるが、謡曲は、古くは能本と呼ばれていた。寺社に所属する猿楽座が演じた能は、伝統的な行事にふさわしい題材を選んでいたが、足利義満をはじめ権力者の庇護を受ける中で、古典に題材をとることで、格調の高い舞台を作ろうとした。中国の古典、『伊勢物語』や『源氏物語』、『平家物語』や『曽我物語』、西行や定家などの古歌などに取材した能の世界は、古典的な文化を総合したものであった。

能に登場する主人公は、神仏・物の精・幽霊など、人間の目には見えないものが多いが、能の形式は、一般に夢幻能と現在能の二つに分けられている。夢幻能は、まず現実の世界の人物が、ある場所で人に出会う。その人は、その土地にまつわる物語を語り、自分が物語の中心人物であることを仄めかして消える。ここまでが前場で、はじめに登場した人物が、夜に入って何物かの出現を待つうちに、後場に入り、物語の中心人物の霊が現れ、自分の運命を語って、悲しみや苦しみを表す舞を舞うが、夜明けとともに、霊は消えて現実の世界に戻る。

世阿弥が完成させた夢幻能は、多くの能の定型になっているが、能の中には、舞台が終始現実の時間と空間の中で進行するものもあり、そういう能を現在能と呼んでいる。

また、能は上演目録の編成上、五番に分けられ、一番から五番までの五つを並べて、一日の目録を作るのが例になっていた。一番目は、脇能物と呼ばれ、神霊を主人公としてよどみなくさわやかに演じられるもの、二番目は、武士の霊を主人公とする、きびきびと勇ましい運びの能で修羅物と呼ばれ、三番目は、優美な女性の霊が登場するもので、鬘物（かずらもの）といい、四番目は、男女の亡霊や怨霊などを登場させて、変化を尽くしたもので狂女物などと呼ばれ、五番目は、鬼や天狗などを退治する激しい動きを見せるもので、鬼畜物と呼ばれるが、五番の演目を略して、神・男・女・狂・鬼ということもある。

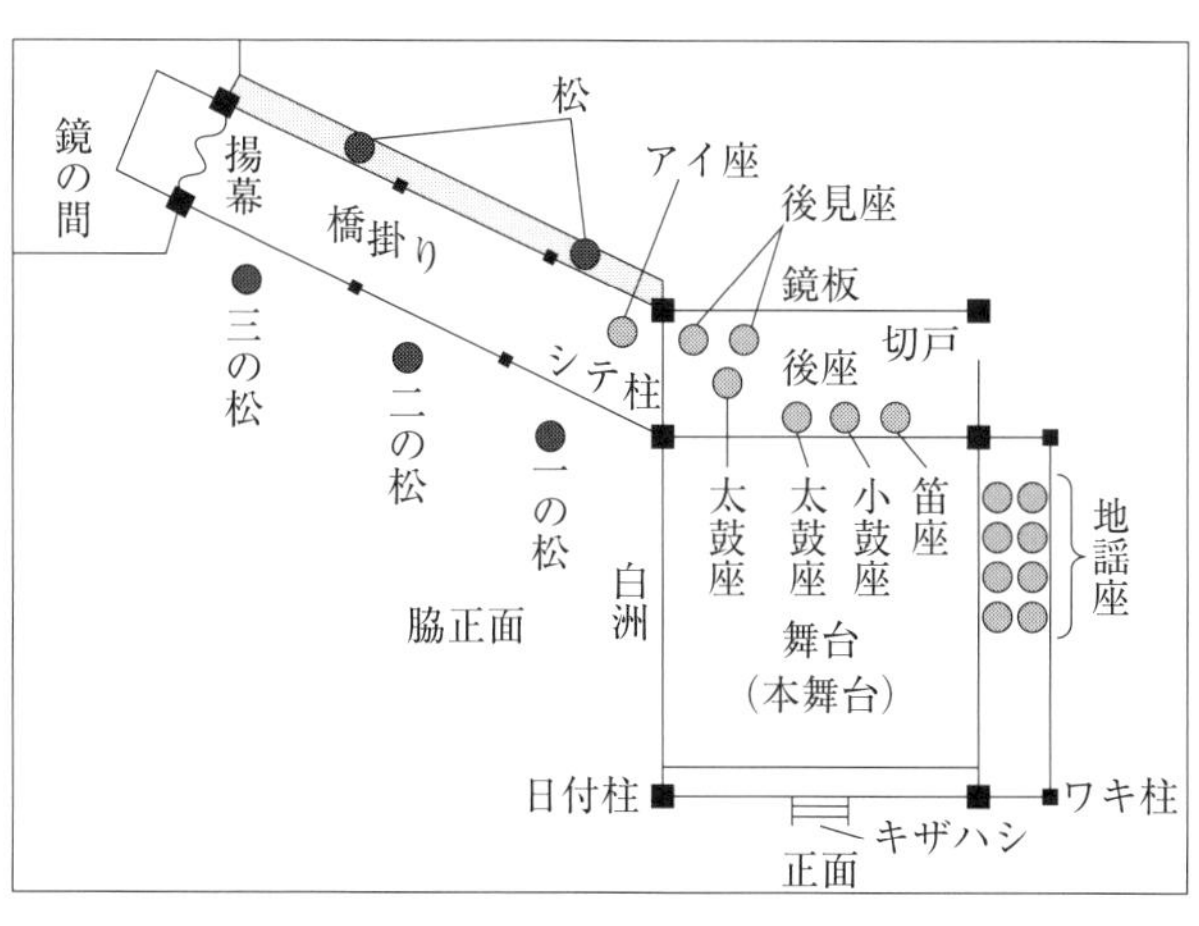

61　能舞台平面図

能は、屋根のある専用の舞台で演じられ、舞台に向かう別の建物を観客席として、鑑賞するのが一般であったが、勧進興行などの場合の観衆は、舞台の前と脇の白洲（しらす）で観覧した。近代になって新しく建てられた能舞台は、屋根のある舞台を、大きな建物の中に取り込む形になっており、舞台の正面と脇に観客席を設けるようになっている。

舞台は、約六メートル四方で、四隅の柱が屋根を支える。正方形の舞台後方に後座（あとざ）と呼ばれる部分がつき、後座の左に斜め後方に向かう橋掛かりがつき、その奥に揚げ幕で仕切られた鏡の間がある。舞台の正面、後座の奥の鏡板に老松が描かれ、右側の小板壁に竹が描かれているほかに装飾はない。舞台の右に張り出す形で地謡座（ぢうたいざ）が設けられている。

能役者は、三方が開放されて幕もない舞台で、立体的な演技を求められるが、橋掛かりも本舞台とは別の空間を表す場所として利用される。後座には、太鼓・大鼓・小鼓・笛の囃子方が並び、左隅に後見が控える。また、地謡座には、八人の地謡が二列に並んで座って地の部分を斉唱するが、後列に座っている地頭（ぢがしら）は、全体の音程と速度を決める重要な役割を担っている。

狂言の成立

狂言は、南北朝時代に発生した庶民的な喜劇で、能・歌舞伎・文楽などとともに、日本の代表的な古典芸能の一つになっている。能とは別の起源を持つものと考えられているが、特に能とは深い関係の中で伝えられてきたので、能狂言と併せて呼ばれることも多い。能が、主に古典的な題材を取り上げて、幽玄美を第一とする歌舞劇であるのに対して、狂言は日常的なできごとを、笑いを通して表現する口語のせりふ劇である点、対照的な性格を持っている。

狂言という芸能の成立事情は明らかでない。しかし、人を笑わせる滑稽な演技の源流は、古く遡ることができ、平安時代半ばの『新猿楽記』には、尼が赤子を抱いて襁褓（むつき）を探すさまや、東人（あずまびと）の京上り、舎人の蝦掬（えびすく）いなどの題が挙げられており、多くの観客が物真似の滑稽な仕種を見て、笑い興じたさまを想像することができる。

南北朝時代になって、社会の変動の中で、下剋上的な風潮が目立つようになると、古い秩序に執着している人々を風刺したり、成り上がり者が体面を取り繕おうとして失敗したりするのを笑う芸が起こり、その即興的な劇が狂言と呼ばれるようになった。

鎌倉時代に、神仏に結縁（けちえん）するために金銭を集め、堂塔の修理や仏像の造立、橋をかけたり、道路を造ったりする勧進（かんじん）が行われたが、室町時代になると、芸能の観衆に金銭の喜捨を勧める勧進興行が盛んになった。そうした中で、能の勧進に際して、重厚な能の間に庶民の笑いを誘う狂言を入れる演目の立て方が広まり、狂言を専門にする役者が能の中で間（あい）狂言を演じたりするようになり、狂言役者の組織も整えられることになった。

能が能本に基づいて演じられるのと違って、狂言は即興的な寸劇で、固定した狂言本を持っていなかった。室町時代の狂言の芸態をしのばせる唯一の伝書は『天正狂言本』と呼ばれる本であるが、そこには、狂言一つ一つの簡単な粗筋が記されているだけで、せりふを含めて、即興的に演じられていたことがわかる。狂言の台本が作られるのは、江戸時代に入ってからと考えられる。

現在上演されている狂言の曲目は、二百番を越えるが、その内容によって、脇狂言（祝言本位のもの）、大名狂言、小名狂言、聟・女狂言、鬼・山伏狂言、出家・座頭狂言、集（あつめ）狂言、習狂言（特に重視されるもの）などに分類されている。笑いによって福を招き厄を祓おうとする狂言、田舎から出てきた大名や、験力のない山伏、無学な僧侶などを笑う狂言、滑稽な仕種やせりふが笑いを誘う狂言など、庶民に親しまれた狂言は、伝統芸能の一つとして受け継がれ、現代でも多くの人々に愛好されている。

説経と絵解き

仏教の教えを広め人々を導くために、寺院では古くから法談・唱導・説経などと呼ばれる布教活動が行われていたが、寺院の説法には、漢文体の文章を朗々と読み上げるものと、口語体の語り物とがあった。鎌倉時代の仏教革新運動の中で、庶民への布教活動が活発になると、口語談話体の唱導・説経が盛んになり、新宗派の祖師の伝記や、庶民の信仰を集める寺社の縁起が語られ、それを専門にする布教僧が現れると、唱導の流派が成立し、説経が芸能の一つになっていった。

祖師伝、寺社の縁起や説話を、絵巻や屏風に仕立てて、その絵の説明をしながら物語を語る絵解きが多くの庶民を引きつけ、ささらを手にして拍子を取りながら、この世の無常を語り、神仏に縋(すが)ることを勧める物語を語る説経、説経節という芸能が人々の心を捉えるようになった。経典の中の譬え話や、各地の霊場に伝わる神仏の霊験譚などを題材にして、さまざまな説経の本が作られたが、代表的な曲として挙げられる『かるかや』『さんせう太夫』『しんとく丸』『梵天国』『小栗判官』は、特に庶民に愛好され、後世に至るまで語り継がれた。

説経節は、中世の末になると、ささらの代わりに三味線の伴奏をつけるようになり、説経浄瑠璃と呼ばれる芸能を生み出したほか、近代の芸能の一つとして庶民に愛好された浪花節の源流にもなった。

源平合戦を題材にした『平家物語』が、琵琶の弾奏を伴う語りによって広まり、琵琶法師の弾き語りを「平曲」というようになったが、南北朝の内乱を題材にした軍記の大作『太平記』は、楽器の伴奏をつけずに、独特の抑揚と早い速度で一段を語る「太平記読み」という芸能によって、人々の間に伝えられていった。琵琶法師の芸能が、律々浦々に広まっていったのに対して、太平記読みの軍談は、京都をはじめとする町の住人や、先祖の活躍の場面を聞くことを好む武士たちの間に広まった。太平記読みの芸能は、講談に受け継がれて現代に至っている。

また、軍記の一節を勇壮な舞で表すことも戦国時代に盛んになり、桃井幸若丸が始めたといわれる幸若舞は、織田信長が好んだことで知られており、現在五〇曲余りの詞章が伝えられている。

『狂言小唄集』は、狂言の中で歌われる歌の歌詞を収めたものであるが、室町時代に広く歌われていたものが多く、室町時代の歌謡集として知られる『閑吟集』とともに、当時の庶民生活を思い浮かべる手がかりになるものが少なくない。

9 儒教とその日本化

中世の儒学と宋学

儒教は、中国の春秋時代の孔子を祖とする教えで、紀元前二世紀から一世紀にかけて活動した前漢の武帝の時代に、儒家の教説を基礎とする正統的な教学が作られて以来、中国思想の主流となり、周辺の国々に大きな影響を与えてきた。日本でも、律令国家を支える思想として受け入れられたことは、すでにふれた通りである。宋の時代になって、隋・唐の貴族制に代わる官人制が成立すると、官吏登用試験として科挙の制度が作られ、儒教が試験科目の中心になったが、国家主義的な名分論・正統論が展開する中で、新しい儒学が生まれた。

朱熹（一一三〇―一二〇〇）は、北宋の新儒学の正統を受け継ぎ、北方の民族の金の圧迫を受ける南宋の時代の中で、四書（『大学』『中庸』『論語』『孟子』）を尊重し、理を窮め知を致すことをめざす実践道徳を教えた。その思想は朱子学と呼ばれたが、宇宙は、理・気という二元から成り立っており、人の本性も本質的には、善である理と清濁二つの面を持つ気との二つからなるわけで、人間は気の動きを制御して、本然の性を顕すよう努めるべきであると主張するものであった。

平安時代の末から、日宋交流が盛んになると、宋代の新しい書物が輸入されるようになったが、保守的な博士家は、新儒学の受容に消極的で、宋学・朱子学は、主として禅僧の間で学ばれるようになった。五山の禅僧は、中国の僧と同様の詩文を作ることをめざしていたので、新儒学に対しても、積極的な関心を抱き、中巌円月（一三〇〇—七五）、義堂周信（一三二五—八八）などが、宋学・朱子学の理解者であったことは、よく知られている。

室町時代になると、有力な守護大名の間では、領国内の政治のために、また幕府や他の有力大名との交渉のためにも、古典に通じた政治顧問が求められるようになった。そうした要請に応えたのは多くの場合、禅僧であった。幕府が五山の禅僧を重んじていたことと、禅僧が政治のあり方を論ずる儒教に通じていたからである。

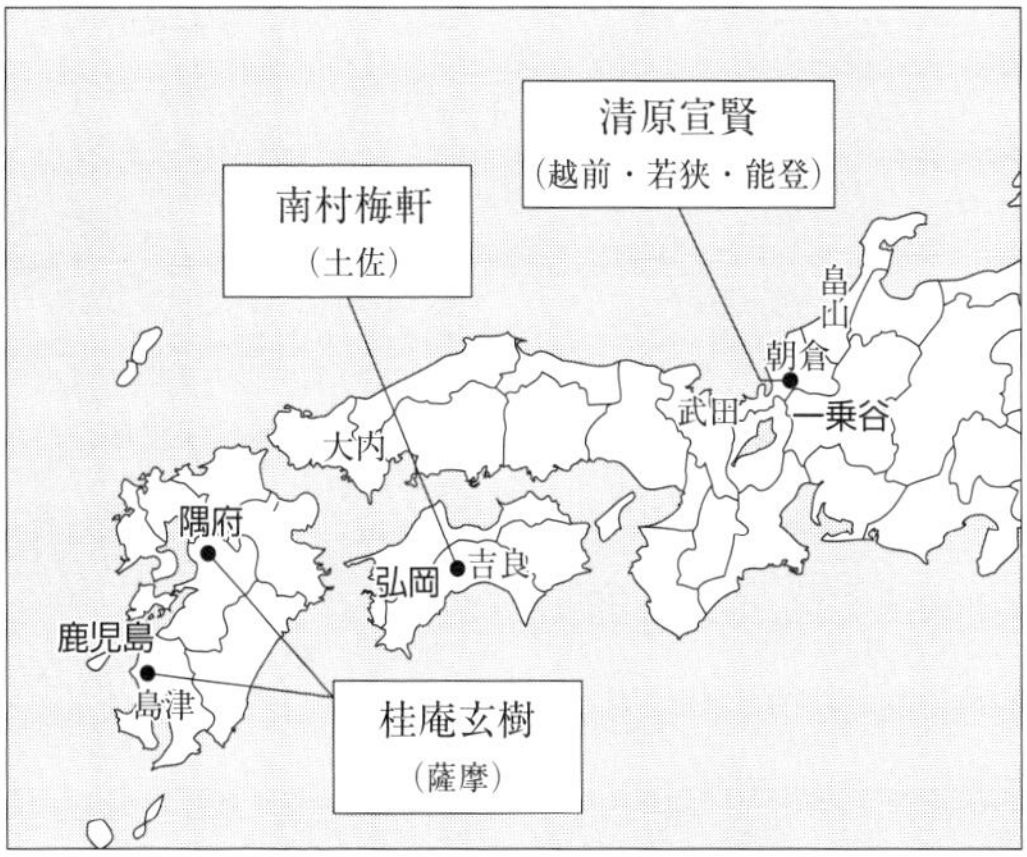

大名に迎えられて、武士たちに儒学を教えた人々として、薩摩（鹿児島）の島津氏の下で活動した桂庵玄樹（一四二七—一五〇八）、越前（福井）の朝倉氏、若狭（福井）の武田氏、能登（石川）の畠山氏などに招かれて、儒学を講じた儒学者の清原宣賢（一四七五—一五五〇）などがあり、また周防（山口）の大内氏に仕え、さらに土佐（高知）の吉良氏の下でも活動した南村梅軒（生没年不詳）も、禅僧に朱子学を学んだ人として名高い。

62　戦国時代の３人の儒学者

63　足利学校

そうした流れの中で、儒学が各地に伝えられるようになったが、下野（栃木）の足利学校は、室町時代の学校として知られ、のちにキリシタンの宣教師によって、坂東の大学としてローマに報告された。足利学校の創立について詳しいことはわからないが、一四四六年（文安三）に、上杉憲実が制定した「学規三条」の中に、四書の講書のことが書かれているので、朱子学の影響が及んでいたことがわかる。

儒教の思想

儒教の基本的な教えは、五倫五常、修己治人、天人合一ということばに要約される。まず、君臣・父子・夫婦・兄弟・朋友を基本的な人間関係とし、それを五倫という。この五倫の秩序は、家族組織から政治体制までを貫く具体的なものであり、五倫を支えている道徳が、仁・義・礼・智・信の五常であると教える。

人間は、五常の修得のために不断の努力をつづけなければならないが、五常を修養することは修己であり、修己によって五倫の秩序を実現させることが、人を治めることの始めになる。政治を担う階層に属する者は、修己治人を指導する任務を負っていることを自覚しなければならない。さらに、天は普遍的な自然の理法であり、人が天与の性の実現に努めることが善であると説き、すべてが天に合致した状態をめざすことを教えられた。

こうした教えは、古道を記録した『易経』（周易ともいい、陰陽の組み合わせで六四の卦を挙げ、卜筮によって天地人の理法を究明しようとした）、『書経』（尚書ともいい、虞夏商周の時代の政道を記したもの）、『詩経』（周初から春秋の半ばまでの詩を集めたもの）、『春秋』（孔子が生きた魯の国の歴史で、孔子の著）、『礼記』（周末から秦漢時代までの礼に関する諸説を集めたもの）の五経に包括されていると考えられ、五経の合理的な解釈をめざすことを通じて、儒教の思想が展開した。

宋の時代になって、隋・唐の時代の貴族制が崩れ、科挙を足場にした新興の官人層が興隆してくると、力を蓄えた北方民族の南下に対抗して、国家主義的な思想や正統論が盛んに取り上げられるようになった。隋・唐の時代は仏教や道教が活発な動きを見せた時代であったが、宋代の儒学者は、儒教の道義心を強調して、古の聖の道を主体的に理解することを説く新儒学を成立させた。

朱子は、五倫五常を「理」とし、人間万物を「気」と考えて、社会や自然の問題を理気の関係で説明し、宇宙から人間まで、世界のあらゆることを統一的に捉えることのできる壮大な学問を作り上げた。また、『大学』（もとは『礼記』の中の一篇、儒教の要旨を説いているとされる）、『中庸』（もとは『礼記』の中の一篇、中正の道について論じている）、『論語』（孔子とその門弟の言行を記したもの）、『孟子』（孟子が編纂したものとされ、性善説に基づいて仁義を唱えている）を合わせて四書とし、五経に包括されている古道を、のちの時代に生きた聖賢がいかに理解したかを知ることのできる書物として重視し、独自の立場に

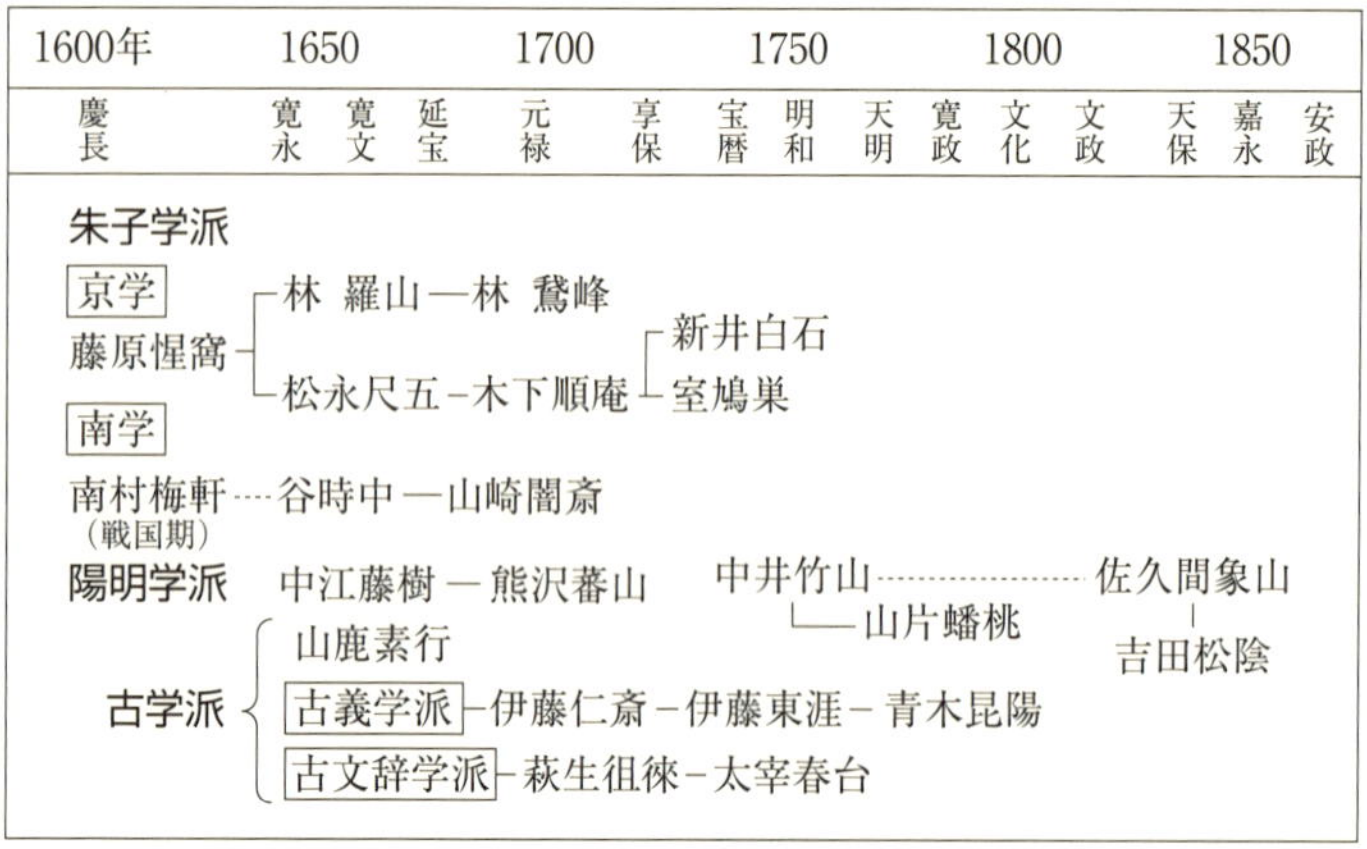

1600年	1650	1700	1750	1800	1850
慶長	寛永　寛文　延宝	元禄　享保	宝暦　明和　天明	寛政　文化　文政	天保　嘉永　安政

朱子学派

京学
藤原惺窩─┬林　羅山─林　鵞峰
　　　　　└松永尺五－木下順庵─┬新井白石
　　　　　　　　　　　　　　　└室鳩巣

南学
南村梅軒（戦国期）……谷時中─山崎闇斎

陽明学派　中江藤樹─熊沢蕃山　　中井竹山…………佐久間象山
　　　　　　　　　　　　　　　　　└─山片蟠桃　　　│
　　　　　　　　　　　　　　　　　　　　　　　　　吉田松陰

古学派
山鹿素行
古義学派－伊藤仁斎－伊藤東涯－青木昆陽
古文辞学派－荻生徂徠－太宰春台

64　儒学の系統

65　林　羅山（個人蔵）

立ってその注釈書を著した。

儒学の展開

長くつづいた戦乱の世が終わって、政治的な秩序が安定し始めると、人々の関心は現実の社会に向かうようになり、来世での救いを説く仏教よりも、現世でいかに生きるかを考え、道徳や政治を論ずる儒教に関心が集まるようになった。徳川家康（一五四二―一六一六）は、長い戦乱の時代を終息させ、太平の世を開くために、文治主義をとることにしたが、その中心に儒教を据えようと考えて、それまでにたびたび教えを請うていた藤原惺窩（せいか）（一五六一―一六一九）に、江戸下向を要請した。

惺窩は、藤原定家の子孫で、京都五山の一つの相国寺に入って禅僧となったが、儒教を学ぶうちに、僧籍を離脱して朱子学の研鑽を積み、日本の朱子学派の祖といわれるようになった。

政治的な活動を好まなかった惺窩は、家康に対して、門人の林羅山（一五八三―一六五七）を推挙した。羅山も、はじめ京都五山の建仁寺で学んだが、禅僧にはならず、惺窩について朱子学を修め、幕府の儒官となって活動し、江戸上野の忍岡に学問所を開いた。その子孫は、代々幕府に儒官として仕え、正統朱子学派の中心になった。

朱子学者としては、土佐の南学の系譜を引く山崎闇斎（一六一八―八二）が、厳格な朱子学研究をつづけたが、のちに神道に傾き、崎門派と呼ばれる学派の祖となった。惺窩の弟子の松永尺五（一五九二―一六五七）、その弟子木下順庵（一六二一―九八）、さらに順庵の門下から出た、新井白石（一六五七―一七二五）、雨森芳洲（一六六八―一七五五）などは、代表的な朱子学者として知られている。

朱子学は、儒教の古典を合理的に解釈する学問として重んじられたが、日本人から見れば外来思想であったから、普遍的な思想と日本の現実との乖離にこだわり、朱子学の教説に疑問を持つ儒学者が現れるのは、自然の成り行きであった。中江藤樹（一六〇八―四八）は、はじめ朱子学を学んだが、明の時代に朱子学の系統から生まれた王陽明の陽明学に転じ、近江国（滋賀県）に藤樹書院を開いて陽明学を教えた。門弟に熊沢蕃山（一六一九―九一）が出たが、陽明学は大きな学派にはならなかった。

他方、朱子学や陽明学は、中国のそれぞれの時代の学問と思想であり、儒教の本質を考えるためには、直接『論語』などの経典の本文を研究しなければならないと説く山鹿素行（一六二二―八五）の聖学、孔孟の古義に帰ることを主張した伊藤仁斎（一六二七―一七〇五）の古義学、古文辞の研究によって孔子が理想とした先王の道を明らかにすることができると説いた荻生徂徠（おぎゅうそらい）（一六六六―一七二八）の古文辞学が生まれた。

聖学・古義学・古文辞学は、古学と総称することもあるが、日本人の立場に立つ古典研究を促し、中国の古典に対する自由で実証的な研究の道を開いた点で、大きな役割を果たした。徂徠は、中国の古典の独自の解釈に立って、日本の政治のあり方を論じたが、水戸藩の『大日本史』編纂に携わっていた儒者の間で、儒教の政治論が盛んになり、一九世紀の対外的な緊張の中で、日本の特質を論ずる水戸学が生まれ、幕末の政治情勢に大きな影響を与えた。

66　藤樹書院

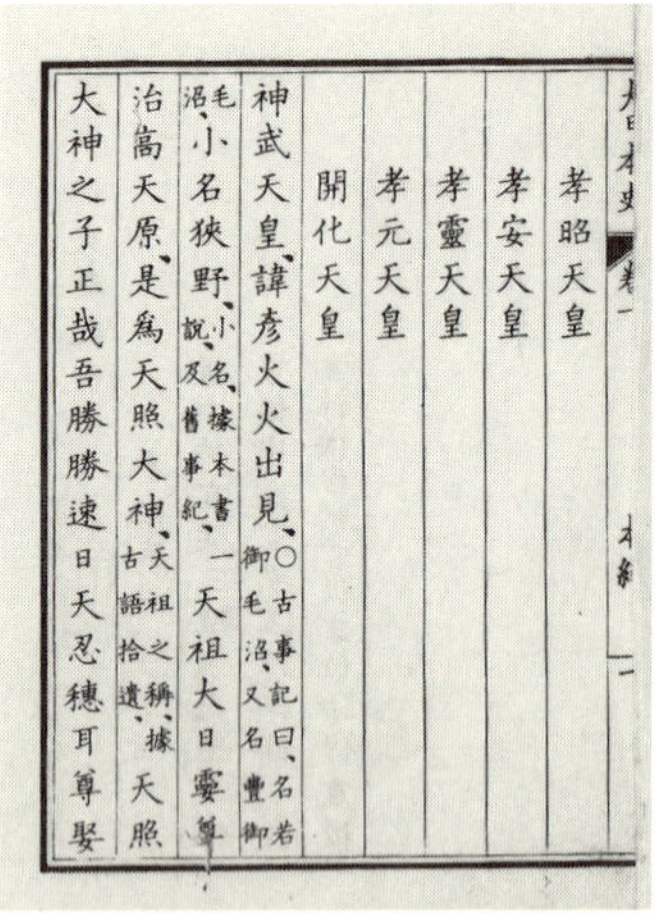
大日本史巻一
孝昭天皇
孝安天皇
孝靈天皇
孝元天皇
開化天皇
神武天皇、諱彦火火出見、○古事記曰、名若御毛沼、又名豊御毛沼、小名狹野、小名、據本書、及舊事紀、一天祖大日孁尊
治高天原、是爲天照大神、天祖之稱、據古語拾遺、天照
大神之子正哉吾勝勝速日天忍穂耳尊娶

67　『大日本史』（神宮文庫蔵）

儒学の教育

徳川幕府は、朱子学を正統的な学問とし、武士の学問や教養の基礎として重視した。林家は「りんけ」とも呼ばれ、昌平坂の学問所を管理し、聖堂の儒教式の儀礼を主宰した。儒教は、高い権威を与えられ、諸藩に仕える儒者は安定した身分を得たが、日本には、中国や朝鮮の国々のように儒学を基礎とした人材登用試験である科挙の制度がなく、武家社会は家柄によって組み立てられていたので、儒学を修めても社会的な効用は期待できず、漢籍を読み、漢文を書くことのできる知識人として認められるだけであった。

68　昌平坂学問所（湯島聖堂）

69　閑谷学校

しかし、文治の世にあって学問が奨励されたため、儒学者の塾に集まる人々は少なくなかった。好学の岡山藩主池田光政（一六〇九―八二）は、熊沢蕃山を招いて武士の教育のための藩校と、庶民教育をめざす郷学を開いたが、両校が統合されて武士庶民共学の閑谷学校（しずたにがっこう）となった。

岡山藩の学校創設は早い時期の例であるが、一八世紀の後半以降、諸藩の藩校創設があいつぎ、幕末までに二一九の藩が教育機関を設けた。

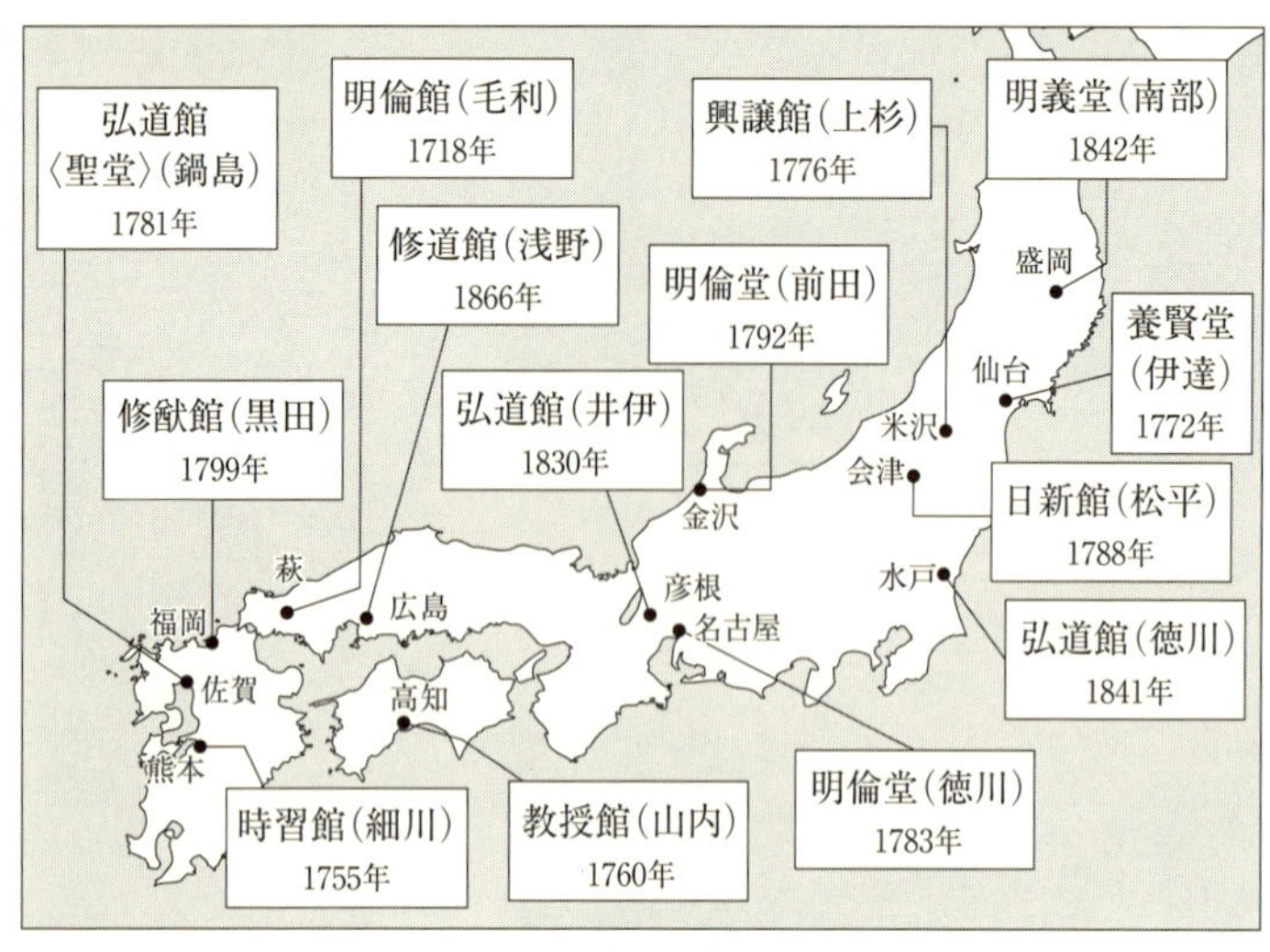

70　藩校分布図

藩校の多くは、儒学を中心としていたが、武士の子弟に文武両道の教育を施し、教科の中には実用的なものも多かった。しかし、寛政の改革の中で、幕府は教学の統一をはかるために、林家を強化し、昌平坂学問所では朱子学以外の儒学を講ずることを禁じた。儒学が文学に流れ、政治批判に傾くことを警戒した寛政異学の禁は、諸藩の教育を拘束するものではなかったが、寛政以降に創立された藩校には、朱子学を中心とする学校が圧倒的に多かった。

藩校は、武士の子弟のみ入学を認めたものから、庶民の教育も行ったものまで、その教科課程や、生徒の編成方法もさまざまであったが、一般に生徒の好学心は強く、教育の普及に大きな役割を果たした。水戸藩の弘道館、会津藩の日新館、米沢藩の興譲館、金沢藩の明倫堂、萩藩の明倫館、福岡藩の修猷館、柳川藩の伝習館、熊本藩の時習館、鹿児島藩の造士館など広く知られた藩校は少なくない。

　また、儒学者の私塾としては、中江藤樹の藤樹書院、松永尺五の講習堂、伊藤仁斎の堀河塾（古義堂）、木下順庵の雉塾、荻生徂徠の蘐園塾、細井平洲（一七二八―一八〇一）の嚶鳴館、広瀬淡窓（一七八二―一八五六）の咸宜園などが、好学心にあつい塾生を集めたことが知られている。

儒教と日本歴史

　儒教は、歴史を易姓革命の思想で説明しようとした。帝王というものは、天命を受けて天下を統治するものであるから、もし帝王の徳が衰え人心が離反すれば、天変地異にその徴が現れて、天命はその帝王から離れ、別の有徳者に天命が下って、新しい王朝が成立する。ただし、人には天命を予知する力が与えられていないので、歴史の推移を辿ることによって、天命がなぜ帝王を離れるのか、徳が衰えるというのはどういうことなのか、新しい王朝を開いた帝王は、なぜ人心の支持を得たのかを知ることができるわけで、歴史は天の意思を映す鏡であると考えられた。

　日本は、律令国家の形成以来、儒教を受け入れて国家の組織を作り、中国風の国史も編纂したが、天皇は一貫して皇室によって受け継がれ、王朝の交替はありえないものと考えられてきた。つまり、天皇を中心にして日本の歴史を考える限り、易姓革命はなかったわけである。

　中世に書かれた歴史書として名高い『愚管抄』は、天に見放された王が滅びる過程で、徳を具えた

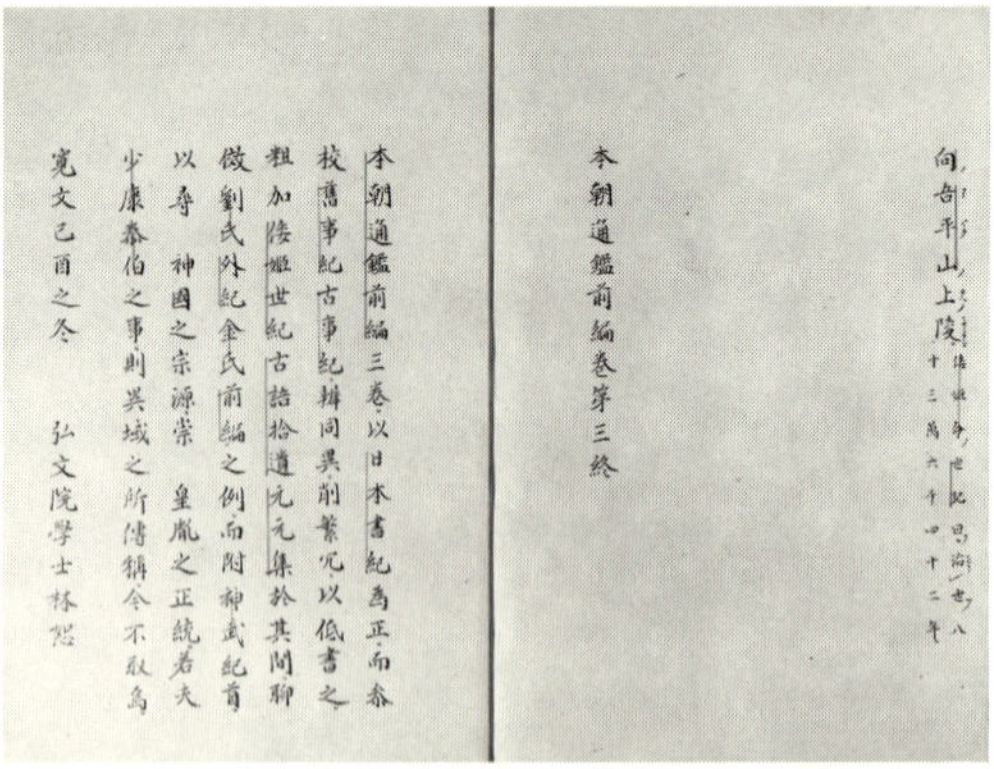
本朝通鑑前編巻第三終

本朝通鑑前編三巻以日本書紀為正而参
校舊事紀古事紀辨同異削繁冗以低書之
粗加倭姫世紀古語拾遺元元集於其間聊
倣劉氏外紀金氏前編之例而附神武紀首
以尊　神國之宗源崇　皇胤之正統若夫
少康泰伯之事則異域之所傳稱今不敢為
寛文己酉之冬　　弘文院學士林恕

71　『本朝通鑑』前編巻2（国立公文書館蔵）

者が打ち勝って王になるのが、歴史の普遍的な道理であるが、日本ではその道理が通用しないことを強調し、『神皇正統記』は、皇統が単純に父から子へと継承されていないことに注目し、系図の上で別の流れに移ることを、王朝の交替に準えて儒教的な歴史解釈に付会している。

しかし、天皇を別にして、武家の歴史を考えると、その推移を易姓革命として見ることは容易であった。

幕府は林羅山・鵞峯（がほう）父子に命じて『本朝通鑑』を編纂させ、徳川家康の政権確立の過程を叙述した『武徳大成記』が作られた。水戸藩は『大日本史』の編纂計画を立て、二五〇年の歳月をかけて日本史上最大の歴史書を完成させた。『大日本史』は、本紀七三巻、列伝一七〇巻、志一二六巻、表二八巻、計三九七巻、別に目録五巻からなる大部の書で、江戸の藩邸に置かれた編纂所は彰考館と名づけられた。全国からすぐれた儒学者を集めて、史料の蒐集と比較検討を行い、史実を考証していく歴史研究の方法を編み出し、近代の日本史研究にも大きな影響を与えることになる。水戸藩のほか、尾張藩をはじめ歴史編纂を行った藩は少なくない。

個人の著書としては、山鹿素行の『中朝事実（ちゅうちょうじじつ）』『武家事紀』、新井白石の『読史余論』『古史通』などがあり、江戸時代後期の頼山陽の『日本外史』は広く読まれた。素行も白石も、武家の歴史を儒教的な見方で叙述し、山陽も武家の歴史を書いて、天皇中心の歴史ではないことをことわって「外史」と題したが、儒教思想と日本歴史との関係を表すものと考えられる。彰考館に集まった儒学者たちも、『大日本史』を編纂する中で、儒教思想を変容させていった。

10 国学と洋学

和学の発展

江戸時代の武家社会では、儒学が正統的な教学として権威を持っていたが、室町時代に確立した日本の古典に関する学問も受け継がれ、新しい展開を見せることになった。

中世の人々の間に伝えられた知識や学問は、さまざまな系統に分けられていた。例えば、漢家・官家・社家・釈家というような区別があり、それぞれの知識や学問を専門に伝える人々がいた。漢家というのは、儒教の経典・史書・詩文・老荘などに関する学問であり、それに対して、官家とは、公家官人の間で学ばれていた日本の律令格式、公家の法制、文書の書き方などの知識をいい、貴族が身につけていなければならないものであった。他方、中世以降仏教の日本社会への浸透が進むにつれて、神官の間で神祇の伝統を守ろうとする意識が強まり、神職の間に伝えられる知識を社家と呼んだ。そして、釈家は、膨大な経論に基づいて煩瑣な仏教教学の議論を展開する僧侶の知識学問を指していた。

それら四つの系統のほかに、人々の関心を集めるようになったのが和学であった。公家文化の中心をなすものと考えられていたのは和歌で、和歌を詠む時の心得、和歌のことばをめぐるさまざまなきまり、古歌や秀歌についての伝承などが伝えられ、歌学の学派が成立した。すぐれた和歌を詠むために、『源氏物語』をはじめとする古典を学ぶことが盛んになり、平安時代の公家文化を理解するために有職故実の知識を身につけ、衰退していた伝統的な儀式行事を復興しようとする人々が増加した。

中世の和学を代表する人物に、一条兼良（一四〇二—八一）がいる。室町時代の公家社会の頂点に立った兼良は、朝儀の復興のために有識故実を学んで『公事根源』を著し、『古今集』『伊勢物語』『源氏物語』などの研究をつづけた。『花鳥余情』は『源氏物語』の注釈書として知られている。和歌への関心は、公家から武家へと広まっていったが、平安時代の貴族文化に憧れる人々の間では、歌学は閉鎖的な秘事口伝から脱することができなかった。

しかし、中世も後期に入ると、和歌と古典に関する知識学問は、連歌や俳諧を愛好する人々にも受け継がれるようになり、地方武士の間にも広められる中で、伝統にとらわれない自由な立場が主張されるようになって、『万葉集』への関心が高まることになった。古典の研究はそうした中で進められたが、北村季吟（一六二四—一七〇五）が著した『源氏物語湖月抄』は、近世前期の古典注釈書を代表するものとして知られている。

漢家	儒教・老荘・史書
官家	律令・有識故実
社家	祭礼・神道説
釈家	経論註疏・法会作法
和学	和歌・物語

72　学問の家の区分け

73　契　沖（円珠庵蔵）

国学の展開

近世に入って元禄時代になると、合理的な考え方が

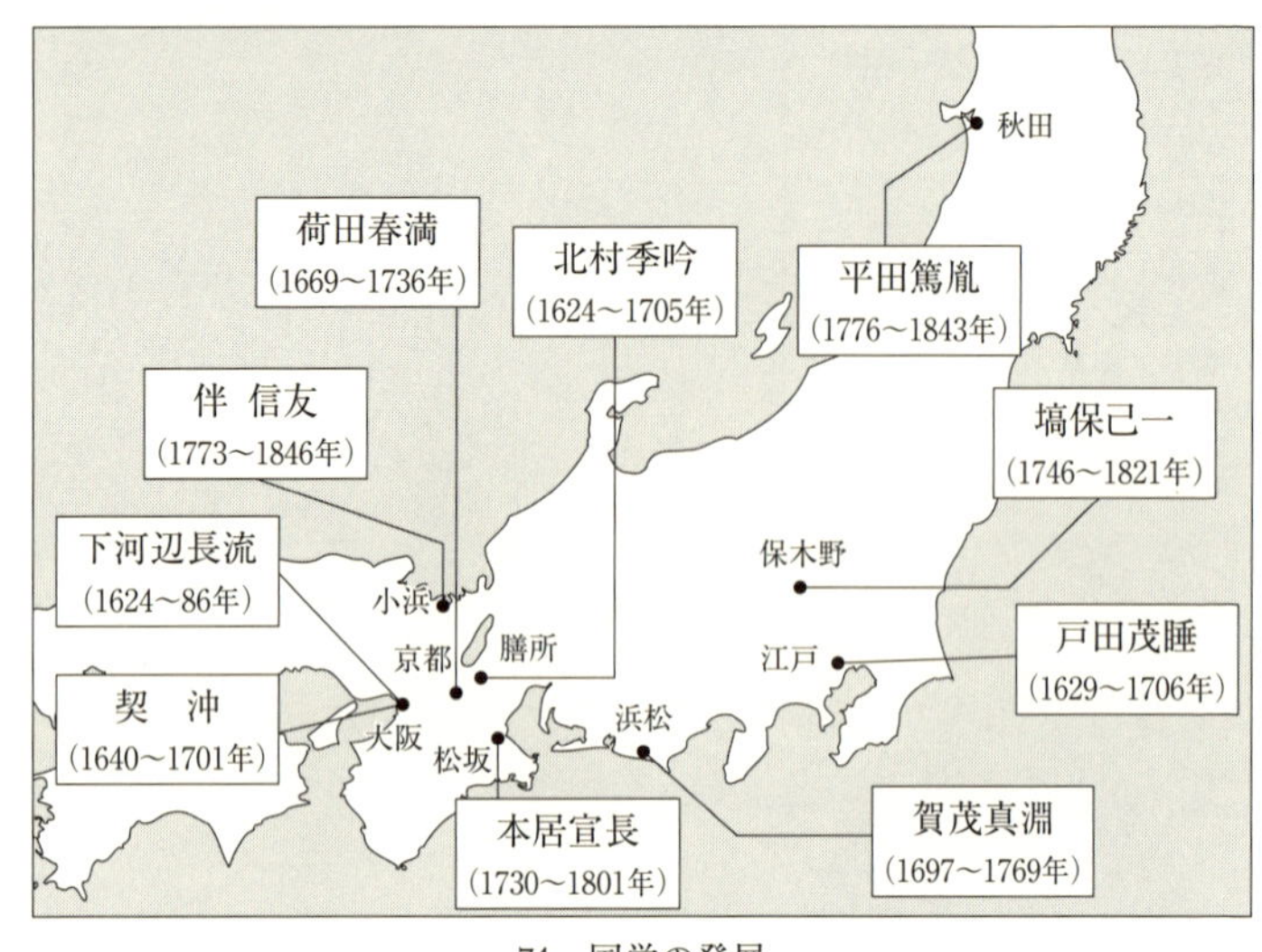

74　国学の発展

古典の註釈研究を進める人々
擬古文を書き和歌を詠む人々
神々について論じ復古神道をとなえる人々

75　国学の系統

芽生え、中世歌学の閉鎖性を受け継ぐ古典研究は、強く批判されるようになった。そうした中で客観的な考証に基づく研究法を打ち立てたのは、真言僧の契沖（けいちゅう）（一六四〇—一七〇一）であった。『万葉代匠記』は、『万葉集』の本文を厳密に調べ、用例を比較検討してことばの意味を確定するなど、万葉研究に新しい面を開いて、国学の先駆となった。

ついで、荷田春満（かだのあずままろ）（一六六九—一七三六）は、日本古典の学問を国学と名づけ、中国の学問思想を偏重する風潮を批判し、日本の古来の学問や文化を尊重すべきことを説いたが、その弟子の賀茂真淵（一六九七—一七六九）に至って、国学は学問としての体系を整えることになった。真淵は、近世の和歌史に万葉派を起こした歌人であったが、『万葉

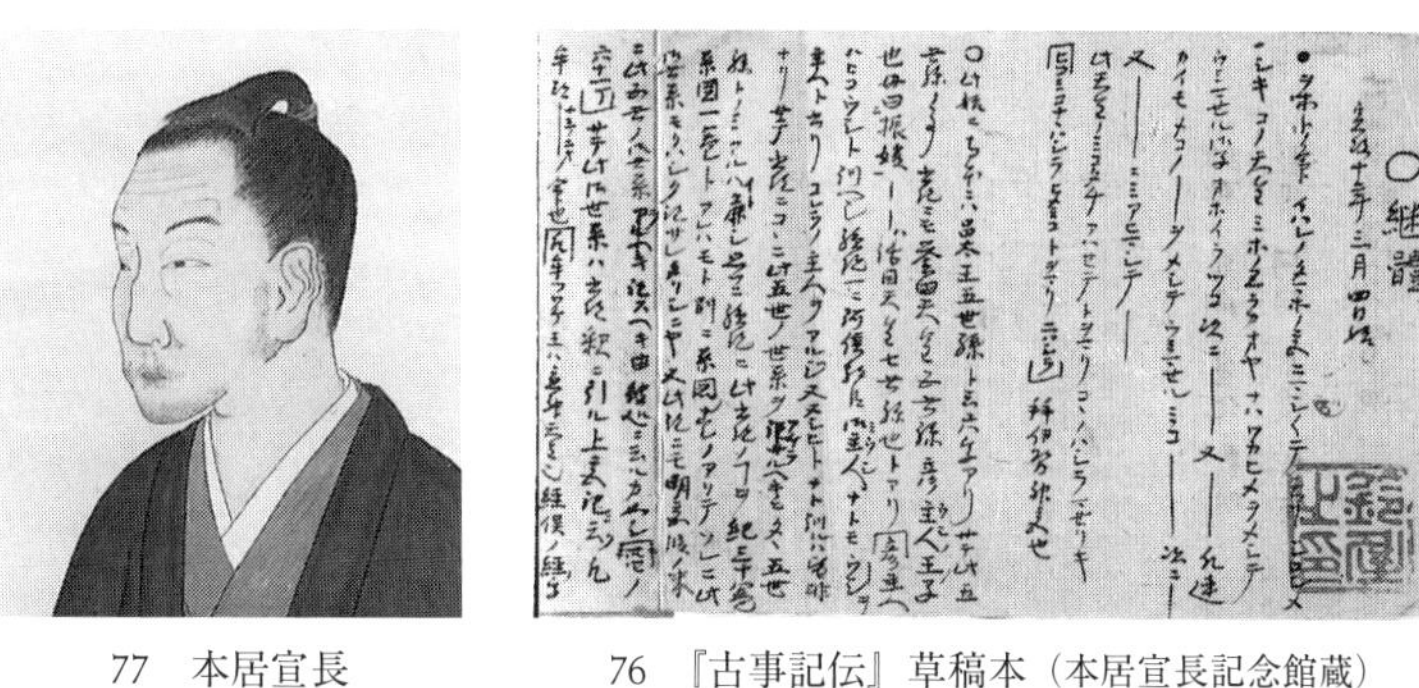

77　本居宣長
（本居宣長記念館蔵）

76　『古事記伝』草稿本（本居宣長記念館蔵）

集』の研究を通じて日本古代の精神を明らかにしようとし、儒教や仏教以前の日本古代の道を理想化し、そこへ帰ることを主張した。国学は、古典の実証的研究とともに、古道を明らかにするという思想運動の面を持つことになった。

真淵の学問を受け継いで、国学の大成者となった本居宣長（一七三〇—一八〇一）は、荻生徂徠の古文辞学にふれて実証的な文献研究の方法を修め、生涯をかけて『古事記伝』を書き上げた。また、真淵の指導の下に和歌や物語の研究を進め、国文の古典が表現しようとしたものは、人間の自然なあるがままの心情であると主張し、道徳的な作為に支えられた儒学の人間観を批判した。『源氏物語』は、「もののあはれ」を表そうとした古典であるとして、それまでの倫理的・宗教的な立場からの理解を排し、文学独自の価値を主張したのは画期的なことであった。

78　平田篤胤
（個人蔵）

宣長は、日本の古典を、それが生み出された状況の中で理解するために、可能な限り儒教や仏教の立場を排除しようとした。「漢心」「唐心」（からごころ）を排除することによって、「大和心」に到達できると考え、そのために国学の諸分野があると説いた。

宣長の学問は、壮大な体系を持つ総合的なものであったため、その没後、国学はいくつもの分野に分かれていくことになった。第一の流れは、『古事記』などの古文献に書かれていることを絶対化し、そのまま信ずべきであるとする人々に受け継がれ、平田篤胤（一七七六―一八四三）によって押し進められた。篤胤は、宣長が実証的な方法に拠り文献に則して考えようとしたのに反して、古文献を信仰の対象にし、死後の世界に関する教説を立てて、宗教的な神道説を立てた。その教説は平田神道と呼ばれて、その後の日本思想に影響を与えた。

国学の第二の流れは、宣長の古道信仰に距離を置いた人々の系譜で、文献の実証的研究に徹して、書誌学や史実考証に成果を上げた伴信友（一七七三―一八四六）、狩谷棭斎（えきさい）（一七七五―一八三五）などの研究は、近代の文献学や実証史学の先駆になった。また、宣長が進めた古語の研究も、門人たちによって受け継がれ、近代の国語学の基礎となったことを見落とすわけにはいかない。

蘭学の始まり

鎖国によってキリシタンの活動は禁止されたが、ヨーロッパの文物がすべて払拭されたわけではなく、有用な学術知識は、南蛮学、蛮学などの名で伝えられていた。ポルトガル・スペインに代わって、オランダとの交渉が始まると、南蛮流の外科などと並んで、オランダの医学が紅毛流という名で広まっていった。しかし、その内容は初歩的なもので、外科といっても簡単な処置をして薬を塗る程度のものにすぎず、西洋の学術の本格的な受容には程遠いものにとどまっていた。

江戸時代を通じて、西洋に向かって開かれた小さな窓であった長崎には、出島と呼ばれる小さな島が築造され、そこにオランダ商館があった。蘭館には商館員など十人前後のオランダ人が駐在していたが、その中の医者は知識人として日本を観察してその特質を記述したり、日本人に西洋の知識と学問を伝えたりした人が多かった。また、オランダ商館長は書記や医師など数人のオランダ人を伴って、定期的に江戸に出かけて将軍に拝謁したので、オランダの学術に関心を持つ日本人は、その機会にオランダ通詞を介して、さまざまな知識を得ることができた。鎖国の下でも、西洋の知識学問は、徐々に日本人の間に広まっていったのである。

一七〇八年（宝永五）、日本布教を志したイタリア人宣教師シドッチが、屋久島に上陸して捕らえられ、長崎を経て江戸に送られた。シドッチは幽閉されたまま、江戸で没したが、当時政治の中枢にいた新井白石（一六五七―一七二五）が、その取調べに当たり、さまざまな情報を聴取した。白石は訊聞の記録を『西洋紀聞』にまとめ、後に『采覧異言』という世界地理の書を著した。

79　新井白石
（個人蔵）

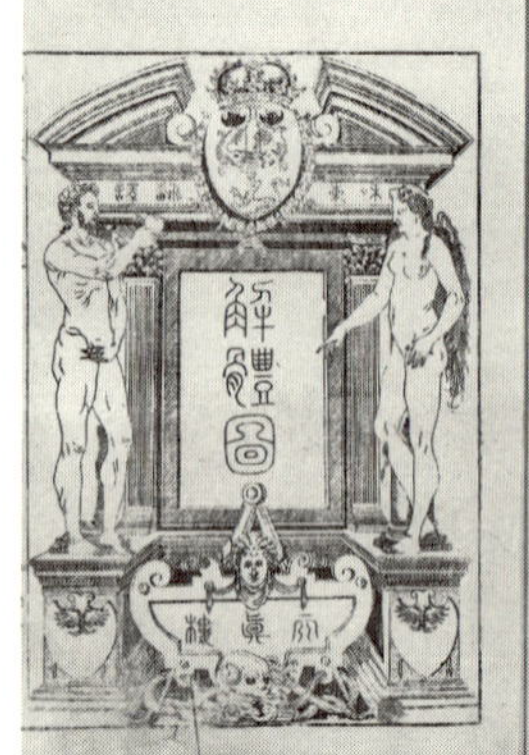

也又或震然掲旗鼓亦皆不知解體之法
徒属玉浪豈不悶乎惜哉世雖有豪傑之士
汚習惑乎耳目未能披雲霧而見青天也
故苟非改面目者則不能入其室也嗚呼
人有能有不能余之不才斷斷無它技唯
獨於斯業專精得以明之誠無慙乎古之
人而其所推輿要在改面目也如與余同
志從事于斯則庶乎得而至也雖然余不
嫺乎文辭故於斯書姑達其意而已讀者
如有不解者追余之生質訊之可也

80　『解体新書』（慶応義塾図書館蔵）

白石が著した書物は、一八世紀初頭の日本人の海外知識として画期的なものであったが、西洋の学術について本格的な研究が始まるのは、つぎの享保時代からのことであった。徳川吉宗は、享保の改革の中で農地を拡大するとともに農業技術の向上をはかろうとしたが、そのために科学的な技術を取り入れることを奨励した。中国の農書から吸収することも少なくなかったが、漢訳の西洋の科学書の輸入を認めたのはその一つで、野呂玄丈（一六九三—一七六一）に、江戸に参府したオランダ人から、西洋の植物学の知識を学ぶことを命じ、青木昆陽（一六九八—一七六九）には、オランダ語の学習を命ずるなどして、西洋の医学の知識や農学の技術の摂取を進めようとした。

蘭学事始

吉宗の殖産政策は、その後、田沼時代に受け継がれ、蘭学に対する関心が広がっていった。そうした中で、前野良沢（一七二三—一八〇三）、杉田玄白（一七三三—一八一七）らが、一七七一年（明和八）三月四日、江戸千住の小塚原で人体の腑分けに立ち合ったのは、画期的なできごとであった。良沢、玄白らは、その時『ターヘル・アナトミア』というオランダ語の解剖学書を持参していたが、実際に人体の内部を見るにつれて、西洋の解剖書の内容の精密なことに驚嘆した。同書は、ドイツ人クルムスの解剖書のオランダ語訳であったが、玄白らはそれを日本語に訳して広く人々に知らせようと決意し、四年にわたる労苦の末『解体新書』が刊行された。その間のことは『蘭学事始』に詳しく述べられている。

蘭学は医学を中心に発達したが、蘭方が広まる中で外科・内科・眼科・産婦人科などの知識が紹介され、さらに、解剖学・生理学・病理学などの基礎医学も注目されるようになった。玄白と良沢に学んで、両師の名から文字をとって自分の名とした大槻玄沢（一七五七―一八二七）は、多くの門人を育てるために、『蘭学階梯』というオランダ語の入門書を著すなどしたが、その家塾の芝蘭堂は江戸の蘭学の中心になった。

81　大槻玄沢
（早稲田大学図書館蔵）

オランダ商館にいたオランダ人たちは、故国から遠い長崎で西洋の生活習慣を守って暮らしていたので、太陽暦の元日に新年の祝宴を開き、長崎の人々はそれをオランダ正月と呼んでいた。江戸の蘭学者大槻玄沢は、寛政六年閏十一月十一日、その日が西洋の暦では一七九五年の一月一日に当たるので、芝蘭堂に多くの蘭学者・蘭学愛好家を招いて、オランダ正月を祝って宴会を開いた。

大槻家のオランダ正月は、その後毎年の行事となり、四四回に及んだという。

蘭学には、医学を中心とする系統とは別に、天文暦学の系統があった。幕府の天文方は中国の暦学を受け継いで、暦の改訂をつづけていたが、改暦の技術を高度なものにするために、西洋の天文学を学ぶようになった。また、長崎のオランダ通詞の間では、通商や航海の実用のために、天文学・暦学・地理学・航海術などへの関心が強く、幅広い蘭学の学習が進められていた。

そうした中で、志筑忠雄（しづきただお）（一七六〇—一八〇六）が、オックスフォード大学のジョン・ケイルが著したラテン語の物理学書のオランダ語訳を入手して、その中に書かれているニュートンの物理学や天文学を紹介した『暦象新書』を著したことは、西洋の学問の理解の進展を示す例として知られている。

洋学の展開

医薬のことから始まった蘭学は、医学の基礎を知るために化学・生物学などへと広がり、さらに、物理学・天文学をはじめとする基礎的な自然科学へと視野を拡大していったが、一九世紀に入って、西洋諸国の艦船が日本の周辺に現れるようになると、世界地理や西洋事情を知る手がかりとして、期待を集めるようになった。

そうした中で、一八一一年（文化八）、幕府は、多方面にわたる知識を得るために、天文方に新設した蕃書和解御用係（ばんしょわげごようかかり）に命じて、オランダ語の百科事典を翻訳させることにした。その百科事典は、一八世紀のはじめにフランス人ショメルが編纂刊行した家庭百科事典であったが、実用的な事典として好評を博し、ヨーロッパ諸国語に翻訳されて広まっていた。オランダ語版も、一七四三年に二巻本が出版され、一七七七年には、オランダで増補された七巻本が出たが、増補版刊行の一〇年後には、東インド会社の船に積まれて長崎に運ばれ、幕府の蔵書に加えられ、大槻家には、二巻本と七巻本の両方が揃っていた。さまざまな情報の伝達が遅くはなかったことがわかるが、幕府はその事典の翻訳を計画したわけである。

幕府は当代の蘭学者を動員して翻訳を急がせ、訳稿は項目ごとに提出され、『厚生新編』という書名の下に積み重ねられていった。しかし、苦心の翻訳を閲覧することができたのは幕政の中心にいたわずかな人々だけで、他見は固く禁じられていた。その間に日本をめぐる国際情勢は大きく変化し、一九世紀の半ばになると、新しい知識学問はイギリスやフランスから入ってくるようになり、蘭学が洋学の中心であった時代は過去のものになっていった。『厚生新編』は、世間に知られることのないまま、時代に取り残されてしまったのである。

オランダ商館に勤務したドイツ人医師シーボルト(一七九六―一八六六)は、長崎に鳴

82　シーボルト

83　緒方洪庵
(個人蔵)

滝塾を開くなどして蘭学を教えたが、門人の伊東玄朴（一八〇〇―七一）は、江戸に象先堂という蘭学塾を開き、大坂の緒方洪庵（一八一〇―六三）が開いた適塾も、全国から数多くの学生を集めて、西洋の学問を伝える上で大きな役割を果たした。塾生の中から、福沢諭吉（一八三五―一九〇一）をはじめ、明治の指導者が出たことはよく知られている。

蘭学を学ぶ人々は、西洋の知識学問のすぐれた面を知るにつれ、それを生み出した西洋の社会の仕組みや、思想・文化に対する関心を深め、西洋諸国の富と力に注目し、日本の社会に対して批判的な目を向けるようになった。そうした中で、幕府の思想統制は蘭学にも及ぶようになり、シーボルト事件や、蛮社の獄が起こった。

国際情勢の緊迫の中で、幕府や雄藩の洋学に対する関心は、軍事的な方面に向けられるようになり、大砲鋳造のための反射炉や溶鉱炉の創設や、火薬の製造所の建設、海軍の編成の訓練所などのために、西洋諸国との関係の強化が進められた。

さまざまな制約の下で受け入れられた洋学は、技術の面を偏重し、その基盤をなしている思想の理解に欠ける点が多かったが、幕末明治の欧米からの衝撃に耐えるための素地を作り、近代化の道を開いた。

11　町人文化とその思想

都市の文化

中世後期になると、日本の各地に都市が成立した。中世の都市は、寺社の門前、港や街道の要衝などにできたり、大名の城下に作られたり、その沿革はさまざまであったが、都市の主要な住人は、商人や職人たちであった。商人や職人が集まり、定住するようになって、町が生まれたのである。町ができると、その秩序を守るために、町人たちはさまざまな組織を作っていったが、人々の結束を生み出す上で大きな役割を果たしたのが、町の鎮守の神の祭りであった。生活の安定と新たに生まれたゆとりを背景にして、祭りの規模は大きくなり、豪勢な山車や仮装の行列を、他の町と競い合う中で、町に住む人々の共同意識が高まった。応仁の乱の後、京都の町衆たちが復興した祇園社の祭りが、町の再興の中心になったことは広く知られている。

経済的な力を蓄えた町人たちは、前代までの公家・武家の間で発達した文化を受け継ぎ、それらを町人のものとして普及させる中で、新しいものに変えていった。公家社会に伝えられていた年中行事が町人の生活の中に取り入れられ、『伊勢物語』や『源氏物語』などを意匠のもとにした調度品や服飾品、絵本や草紙などがつぎつぎに作られる中で、伝統的な優雅な美の世界が、新しく世俗的な感覚

84　本阿弥光悦
（光悦寺蔵）

で生まれ変わることになった。

そうした動きは、安土桃山時代を経て南蛮文化の影響も受けると、さらに新しい傾向を見せるようになり、貿易によって富を蓄積した町衆の力を背景に、一六世紀末から一七世紀初頭に、公家・武家・町人が一体となって、新しい文化を生み出そうとする時代を現出させた。現在、いくつもの作品が残されている「洛中洛外図」は、京都に憧れていた諸国の大名たちが、領国に持ち帰ったものであるが、図の中には、当時の京都のありさまが詳しく描かれている。

一七世紀の中期になると、武家社会が安定を見せる中で、茶道・花道・香道をはじめ伝統的な文化の伝授の組織が、それぞれに家元制度を作り上げるなど、文化の世界でも新しい秩序作りが始まった。この時代の文化を、寛永文化と呼ぶことがあるが、その中心となった本阿弥光悦（一五五八―一六三七）は、芸術のさまざまな分野で才能を発揮した人物で、徳川家光から京都の郊外の鷹が峯の土地を与えられ、芸術家が集まって暮らす村を作った。俵屋宗達（生没年不詳）は、斬新な装飾画を創出した画家として知られている。

この時代の文化の特色を表す遺構として知られるのが、桂離宮と修学院離宮である。桂離宮は、後水尾院（ごみずのおいん）、明正天皇（めいしょうてんのう）の離宮として京都の西の桂川の辺りに建てられたが、この時代の文化の粋を示すものとして高く評価されている。また、修学院離宮は、京都の東北の比叡山の南麓に営まれた後水尾天皇の離宮で、四季折々の美しい自然に融合した建築と庭園は、この時代の文化を代表するものとして名高い。

85 桂離宮

元禄文化

一七世紀の末から一八世紀の初頭にかけて、上方の経済が目ざましい発展を遂げる中で、大坂と京都を中心に都市的な文化が生まれ、町人層が新しい文化の担い手になった。その時期の元禄（一六八八―一七〇四）という元号をとって、近世前期の活気に満ちた時代を元禄時代と呼んでいる。それは徳川綱吉が第五代将軍であった時代（一六八〇―一七〇九）であり、清では、名君として知られる第四代聖祖康熙帝（こうきてい）の治世に当たっていた。

元禄文化は、日本の文化史の上ではじめて、庶民を主要な担い手として形成された文化であった。庶民の生活や心情を描いた文学や絵画が生まれ、豊かになった町人層の生活を満たすために、意匠を凝らした衣服・家具・食器などが普及し、都市の住宅の改善が進んで、生活文化は著しい向上を見せた。

86　阿国歌舞伎草子（大和文華館蔵）

庶民の生活を描いた菱川師宣（一六一八―九四）、工芸家として斬新な意匠を生み出した画家・漆芸家の尾形光琳（一六五八―一七一六）と画家・陶芸家の尾形乾山（一六六三―一七四三）兄弟、京焼の祖となった野々村仁清（生没年不詳）、友禅染の創始者宮崎友禅（生没年不詳）などは、元禄文化を代表する人々として知られているが、都市文化の広がりを背景にして、芝居が多くの観客を集め、遊里が繁盛を見せたのも、元禄文化の特徴であった。

一七世紀の初頭、上方から江戸へと旋風を起こした阿国の踊りは、当時軽佻浮薄な伊達者を「かぶきもの」（かぶくは、傾くの意）と呼んでいたことから、かぶき踊りといわれ、風俗を乱すものとして取締りに遭いながら、若衆歌舞伎、野郎歌舞伎などに受け継がれたが、初世坂田藤十郎（一六四七―一七〇九）が出て、写実的芸と科白術で上方の観客の人気を博し、この時代には劇場や役者の組織も整ってきた。同じころ江戸でも荒事芸で名を知られた初世市川団十郎（一六六〇―一七〇四）が出て、その後の歌舞伎隆盛の基礎を築いた。

他方、物語の語りに合わせて舞台で人形を操る芸能では、中世の末に浄瑠璃姫の物語が人気を博したために浄瑠璃と呼ばれるようになり、さまざまな物語が作られ多くの語り手が現れたが、元禄のころに竹本義太夫（一六五一―一七一四）という語りの名人が現れ、近松門左衛門のすぐれた台本によって操り人形の芝居が完成された。のちに、竹本義太夫以前の浄瑠璃を古浄瑠璃というようになり、義太夫が始めた語りを義太夫節といい、二〇世紀のはじめから文楽座の名をとって、操り人形芝居を文楽というようになった。

近世文学の成立

元禄文化の展開には、新しい文化の全面的な開花の観があるが、さまざまな分野の中で、重要な位置を占めているのが、新しい文学の成立であった。永い間の戦乱が終息し、統一政権が姿を現す中で、新しい時代への期待と不安に揺れ動いていた人々は、狂躁的な芸能に共鳴し、社会が安定に向かうと、地位と富を持つ人々は、伝統的な文化に回帰しようとした。

近世の社会体制が成立して一世紀近い年月を経て、元禄時代になるころ、上方や江戸では経済の発展を背景に近世社会の仕組みが姿を現し、新しい人間関係の中で生きていく人々が現れた。そうした動きを見つめ、都市の多様な生活を描き、新しい人間の心情を捉えようとしたのは、文学に関わる人々であった。なかでも、井原西鶴、松尾芭蕉、近松門左衛門の三人は、すぐれた作品を著して、近世文学の世界を切り開き、文化史の上に重要な足跡を残した。

大坂の裕福な町人の家に生まれたといわれる井原西鶴（一六四二―九三）は、文芸を愛好して俳諧にその才を表したが、『好色一代男』を書いて好評を博し、『好色五人女』『本朝二十不孝』『日本永代蔵』『世間胸算用』『武家義理物語』などの作品をつぎつぎに書き、愛欲や物欲に捕らわれた男女の悲喜劇を、軽妙な筆致で描き出した。室町時代以来の小説は仮名草子と呼ばれていたが、西鶴が書いた小説は浮世草子と呼ばれ、その後の文学に大きな影響を与えた。

伊賀国（三重県）の下級武士の家に生まれた松尾芭蕉（一六四四―九四）は、幼い時から俳諧に親しんだが、俳諧師を志して江戸に下り、当時盛んであった談林派の俳諧師として活動した。その後、江戸の深川の草庵で隠者的な生活をし、大火で芭蕉庵が消失した後は、行脚を繰り返す中で、俳諧の美とその表現を究め、蕉風俳諧を興した。芭蕉の指導の下で行われた俳諧は、のちに『俳諧七部集』にまとめられ、ほかに『甲子吟行（かっしぎんこう）』『おくのほそ道』などの紀行文、『幻住庵記』『嵯峨日記』などの作品がある。

87　井原西鶴
（個人蔵）

88　松尾芭蕉
（天理大学附属天理図書館蔵）

89　近松門左衛門

浄瑠璃と歌舞伎の作者として活動した近松門左衛門（一六五三―一七二四）は、越前藩の武士の子に生まれながら、賤民と考えられていた芝居者の世界に入って、作者として一生を過ごした。浄瑠璃作者として世に出た近松は、元禄の初年に竹本義太夫のために書いた『出世景清』で名を上げ、坂田藤十郎の協力を得て歌舞伎作者としても知られるようになった。『曽根崎心中』『心中天網島（しんじゅうてんのあみじま）』などで、小さなことが発端になって逃れられない運命に落ちていく大坂の下級町人の悲劇を扱い、舞台芸能に高度な芸術的緊張を付与することに成功した。『国性爺合戦（こくせんやかっせん）』をはじめとする時代物も少なくない。

町人の学問と思想

元禄文化といえばまず、豊かで明るい上方の庶民生活や斬新な風俗を思い浮かべるが、新しく文化の担い手になった町人の中には、思想や学問の分野で活動した人々も少なくなかった。

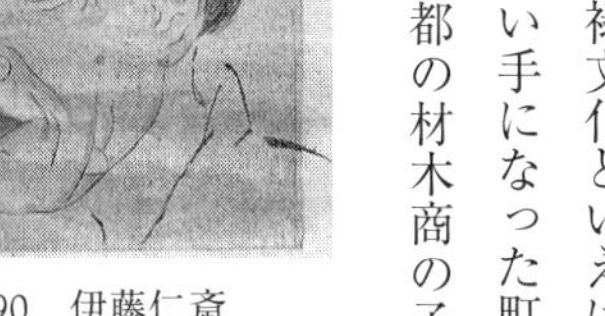

90　伊藤仁斎
（天理大学所属天理図書館蔵）

京都の材木商の子に生まれた伊藤仁斎（一六二七―一七〇五）は、幼い時に儒学を学ぶ志を立て、はじめ朱子学を修めたが、やがて朱子の学説を学ぶことより、直接孔子や孟子の教えを学ぶことが大切であると考えるようになり、古義学を唱えるようになった。京都堀川の居宅を古義堂と名づけ、長男の伊藤東涯（一六七〇―一七三六）とともに多くの門人を育成した。仁斎の学問を受け継いだ人々は、古学派、堀川学派と呼ばれた。

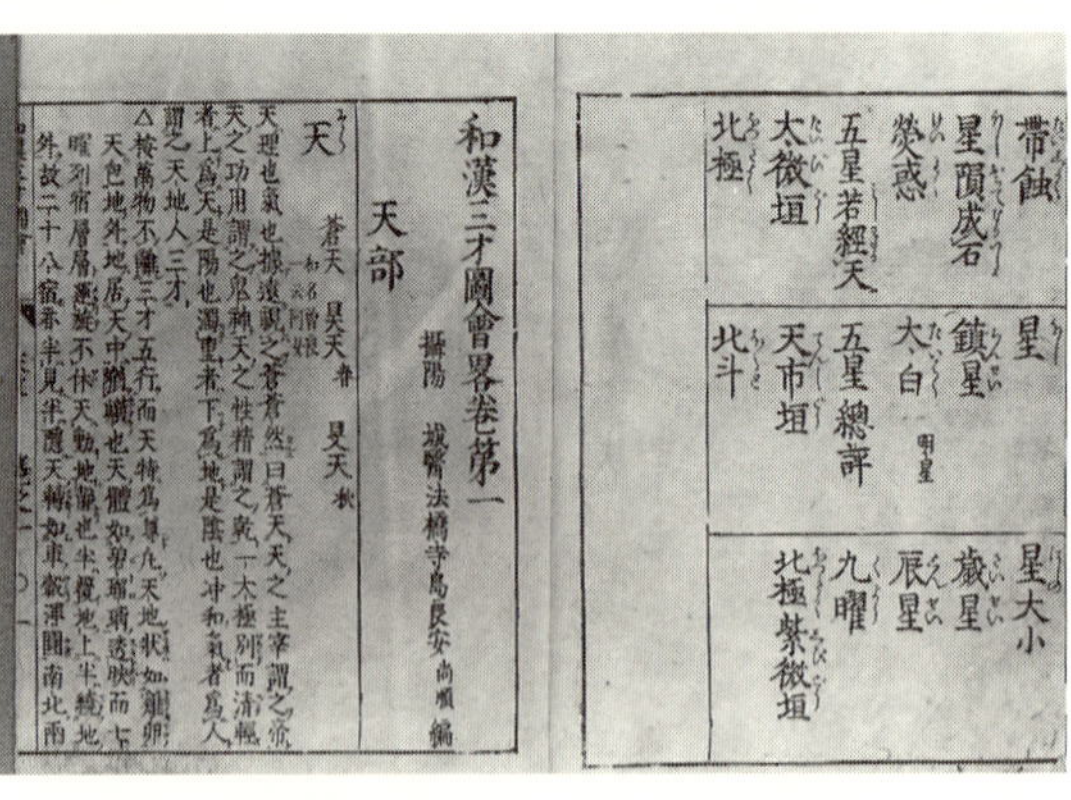
和漢三才圖會畧巻第一

攝陽　城醫法橋寺島良安尚順編

天部

天　蒼天　昊天　旻天

天理也氣也據遠視之蒼蒼然曰蒼天天之主宰謂之帝天之功用謂之鬼神天之性精謂之乾一太極別而清輕者上爲天是陽也濁重者下爲地是陰也冲和氣者爲人謂之天地人三才

△按萬物不離三才五行而天特爲尊九天地状如鶏卵天包地外地居天中

帯蝕　星隕成石　熒惑　五星若經天　太微垣　北極

星　鎮星　太白　明星　五星總評　天市垣　北斗

星大小　歳星　辰星　九曜　北極紫微垣

91　『和漢三才図会』（国立国会図書館蔵）

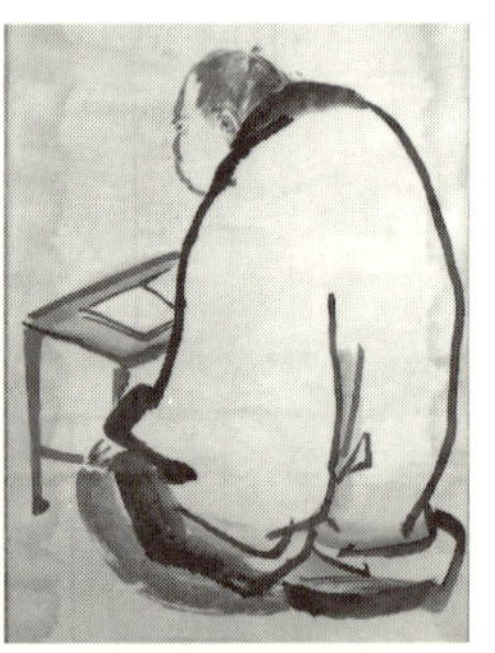
92　中井竹山
（大阪城天守閣蔵）

93　懐　徳　堂

元禄時代の大坂の医者寺島良安（生没年不詳）が編纂した、『和漢三才図会』という百科事典も、元禄文化の一面をよく表すものであった。この事典は、明末の官僚王圻が編纂した『三才図会』に倣ったもので、三才とは天・地・人、つまり宇宙のことをいい、図会とあるように、一つ一つの項目に図を付して、理解を助けるという形になっていた。

良安は、『三才図会』に触発されて、日本の図解百科事典を作ったわけであるが、『三才図会』が古典の世界について説明しているのに対して、『和漢三才図会』は同時代の日本社会についてさまざまな項目を取り上げており、図もわかりやすいので広く普及し、近代になってからも広く参照されていた。この絵入り百科事典を見ると、江戸時代の人々が持っていた知識の広さに気づくであろう。

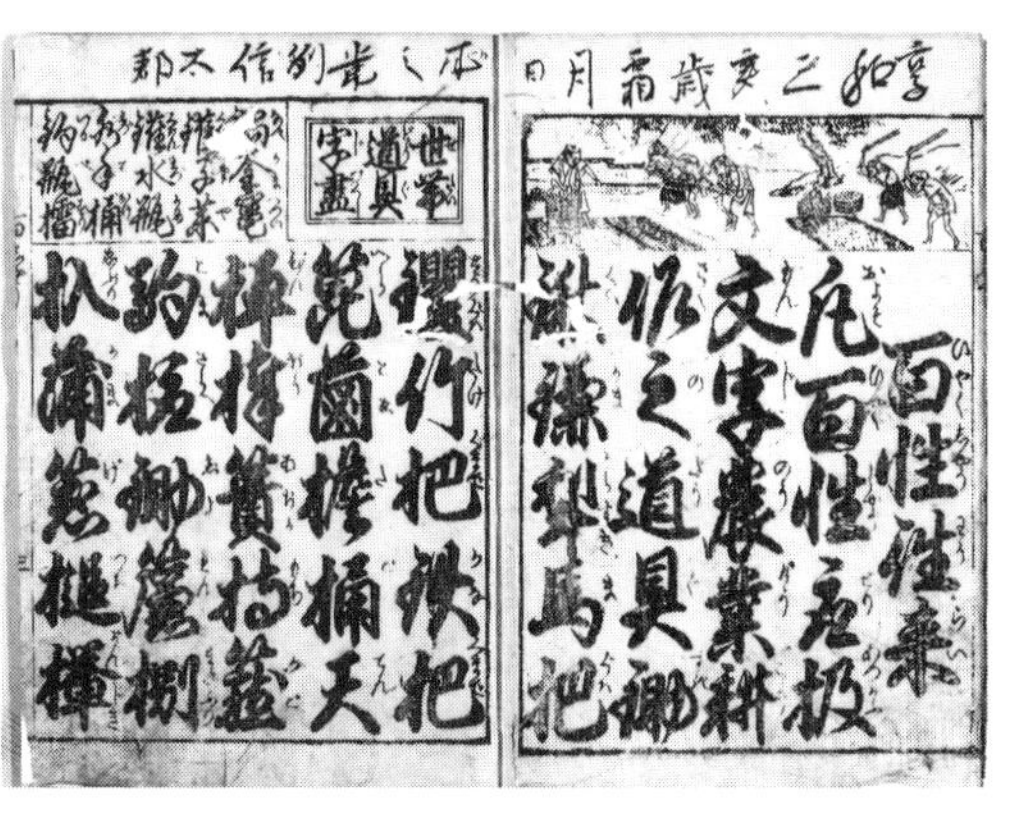

94　百姓往来（謙堂文庫蔵）

大坂の学者中井甃庵（一六九三—一七五八）、中井竹山（一七三〇—一八〇四）によって開かれ、町人の学問の中心になったのが懐徳堂である。懐徳堂は、幕府の公認を受けた学校として朱子学を擁護し、古文辞学、古義学を批判する立場に立つ学問所であったが、町人の学校として、医学や天文学などの実学も教え、多くの門人を集めた。大乗仏教の経典の成立過程を論じて、釈迦と大乗仏教との関係を明らかにする『出定後語』を著した富永仲基（一七一五—四六）、西洋の学問・思想を吸収して『夢の代』を著した山片蟠桃（一七四八—一八二一）をはじめ、懐徳堂は個性的な学者・思想家を生み出した。

ところで、一般に町人や農民の子は寺子屋に入って、読み・書き・算盤を習うのが普通であった。寺子屋で用いられた教科書は、往来物と呼ばれ、手紙の往復の例文を挙げて、その読み方・書き方を学ぶ中で、生活に必要な知識を身につけるように考案されたものであった。江戸時代も後期になると、往来物は子供の親の階層や職業によって、『百姓往来』『田舎往来』『商売往来』『問屋往来』『呉服往来』などとさまざまなものが作られ、現在、調査されているものので数千種に及んでいる。江戸時代の教育の普及は瞠目すべきものがあり、そうした教育の普及の上で幅広い文化が形成されたのである。

文化文政時代の文化

一八世紀の後半を通じて、江戸の都市としての機能が整ってくると、文化的な活動をする人々の大半が江戸に住むようになって、文化の中心は上方から江戸に移ることになった。人口百万を超える江戸の住民の中に、「江戸っ子」の意識が芽生え、上方とは違う都市文化が形成されることになったが、その中心となったのが、一九世紀前期の文化(一八〇四―一八)、文政(一八一八―三〇)年間であった。

文化文政時代の文化の特質は、都市の住人であることを自負し、粋や通に憧れる一方、田舎の野暮を軽蔑する江戸っ子的な気風、また、消費生活の向上を背景として成長した大衆の文化面への参加、さらに、その二つを実現しているように見える遊里や芝居小屋、盛り場が、世俗的な文化が開花する場として重要な役割を果たしていたことなどであろう。

上方で発展した歌舞伎は、この時代に江戸を拠点として、ますます多くの観客を集めるようになった。第四代鶴屋南北(一七五五―一八二九)は『東海道四谷怪談』をはじめ多くのすぐれた作品の中で、現世的なものしか見えなくなったこの時代の町人たちの、頽廃的な生活とその感情を描くとともに、舞台上の新しい表現法をつぎつぎに生み出した作者として知られている。

歌舞伎の繁盛は、浮世絵の発展を促す役割を果たした。江戸時代の中期に鈴木春信(一七三五―七

○）が多色刷りの版画錦絵を創始して以来、技法はさまざまな改良を重ねて、喜多川歌麿（一七五三―一八〇六）、東洲斎写楽（生没年不詳）、葛飾北斎（一七六〇―一八四九）、歌川広重（一七九七―一八五八）などの個性的な絵師が現れ、練達の彫り師、刷り師との協同作業の中で、すぐれた版画を廉価で作ることができるようになり、芝居の舞台や役者の姿、町の風俗、各地の名所などを描いた絵が、大衆の間に受け入れられていった。

文学の方では、洒落本・黄表紙・読本・滑稽本・合巻などとさまざまな分野が生まれ、山東京伝（一七六一―一八一六）とその弟子で『南総里見八犬伝』を書いた滝沢馬琴（一七六七―一八四八）、柳亭種彦（一七八三―一八四二）の『偐紫田舎源氏』（にせむらさき）、十返舎一九（一七六五―一八三一）の『東海道中膝栗毛』などが著され、刊行された。作者は、風俗を乱す者として罰せられることもしばしばであったが、書物の普及の上で、貸本屋が大きな役割を果たしたことも見逃せない。

伝奇・怪異	読　本	滝沢馬琴	南総里見八犬伝
挿絵本	合　巻	柳亭種彦	偐紫田舎源氏
洒落・滑稽	洒落本	山東京伝	通言総籬
	滑稽本	十返舎一九	東海道中膝栗毛
男女の情愛	人情本	為永春水	春色梅児誉美

95　町人の文学

96　滝沢馬琴
（個人蔵）

97　十返舎一九
（『戯作者考補遺』）

人口が集中した江戸では、遊芸が盛んになり、両国・上野・浅草などには盛り場ができて、種々の見世物小屋が現れ、曲馬・曲芸が人気の的になった。また、伊勢、熊野、西国三十三か所、四国八十八か所、親鸞聖人二十四輩遺跡巡礼、金比羅、出羽三山、富士、御岳、大山、江の島、成田など、遠隔地への参詣が盛んになったのも、この時代のことであった。

12 知識人と西欧の思想

外国語の辞書

福沢諭吉は、幕末に大坂の適塾でオランダ語を学んだ。『福翁自伝』には、若者の熱気に満ちた適塾のことが語られ、数十人の塾生が、塾に一部しかない蘭和辞書を頼りに、オランダ語の書物と取り組んでいたことが書かれている。オランダ語を学ぶためには辞書が必要であったが、適塾にあったのは、長崎のオランダ商館の書記で、のちに商館長になったヘンドリック・ヅーフが編纂した『道富波留麻（ズーフハルマ）』という辞書で、三〇〇〇枚もの写本であった。

一八五八年（安政五）、日米修好通商条約が締結された年、二三歳の福沢は、藩の命令で大坂から江戸に移ることになった。そして翌年、横浜に出かけてみた福沢は、死物狂いで身につけたオランダ語が、実地の役に立たないことを知って愕然とした。落胆の中から立ち上がった福沢は、今度はまた死物狂いで英語の勉強を始めた。

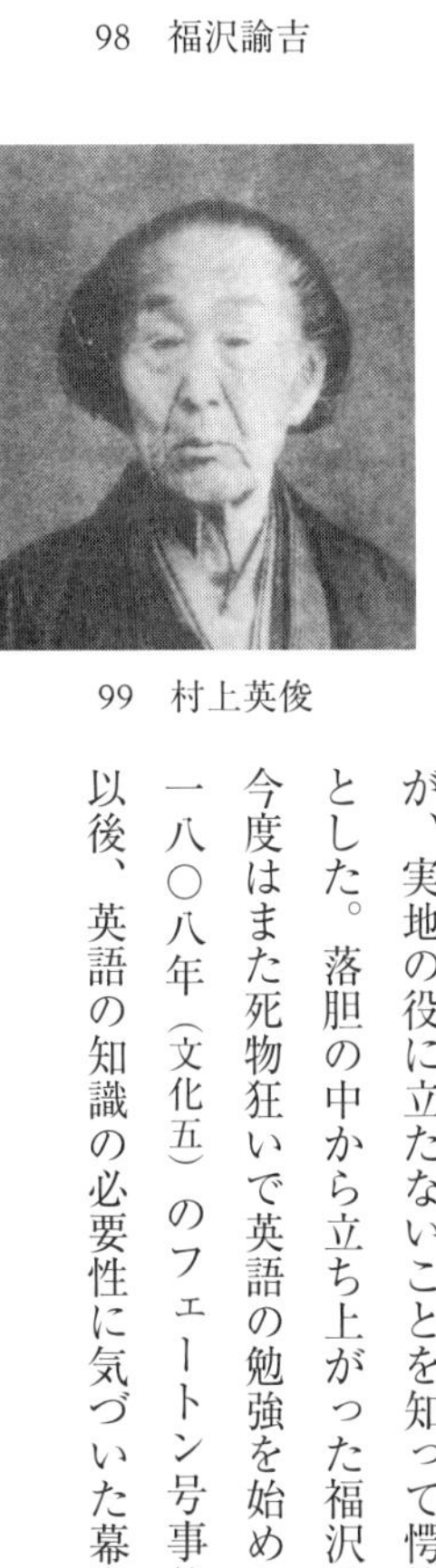

98 福沢諭吉

99 村上英俊

一八〇八年（文化五）のフェートン号事件以後、英語の知識の必要性に気づいた幕府は、本木正栄らに英和辞書の編纂を命じ、一八一四年に『諳厄利亜語林大成』という、小英和辞書が完成した。しかし、この辞書も利用したのは幕府の要人だけで、一般に公開されることはなかった。

しかし、一八五三年（嘉永六）のペリー来航当時、幕府の中で英語に通じていたのは堀達之助（一八二三―九四）一人という状態であった。緊迫した国際関係の中で、堀達之助を中心に英和辞書の編纂が始まり、一八六二年（文久二）には、実質的に最初の英和辞書といってよい『英和対訳袖珍辞書』が、洋書取調所から、当時最新の洋式活字印刷によって刊行された。幕府の蕃書取調所はこの年に洋書取調所と名を改め、翌年には開成所に改組されている。

また、蘭学者村上英俊（一八一一―九〇）は、佐久間象山から大砲のための火薬の製造をたのまれ、オランダ語の化学書を取り寄せたところ、届いたのは手違いでフランス語版であった。海防のための火薬製造を急がねばならない事情の下で、参考書を注文し直す余裕はなく、村上は独学で仏語版を解読して火薬製造の知識を得た。偶然の手違いから仏語を知るようになった村上は、一八六四年（元治元）に、『仏語明要』という仏語辞書を出版して、日本におけるフランス研究の先駆者となり、達理堂という塾を開いて仏語の教育に尽くし、一八八五年（明治十八）にはフランス大統領からレジョン・ドヌール勲章を贈られた。

オランダ語・英語・仏語以外にも、独語・露語など、外国語の辞書の編纂には、先人の多くの苦労があった。百数十年を経て、現代の日本の書店には、色とりどりの外国語辞書が所狭しと並べられ、私たちは用途に合わせてさまざまな辞書を選ぶことができる。しかし、それは西欧の文化と思想を学ぶことに極めて熱心で、その吸収の早さで世界を驚かせてきた近代の日本人が、先人の苦労を受け継ぎ、不断の改良改善を重ねて結実させたものであることを見落としてはなるまい。

欧米の見聞と紹介

ペリーの来航によって、開港に転じた日本は、欧米列強とつぎつぎに条約を結び、諸外国との頻繁な往来が始まった。条約の批准のために、勝海舟を艦長とする幕府の軍艦咸臨丸が、九十数人の日本人と一一人のアメリカ人を乗せて、太平洋を渡った。その一行に軍艦奉行の従僕の名儀で加わった福沢諭吉が、アメリカの社会にふれて目を見張り、ウェブスター辞書を購入して帰国した話は、広く知られている。

緊迫した国際関係の中で、幕府の儒官で昌平黌（しょうへいこう）で教鞭をとっていた中村正直（まさなお）（一八三二—九一）は、イギリスに旅して西洋の文物にふれ、薩摩藩士森有礼（もりありのり）（一八四七—八九）も、イギリスに渡ってロンドン大学で西洋の諸学問に接した。また、一八六七年（慶応三）のパ

100　中村正直

101　森　有礼

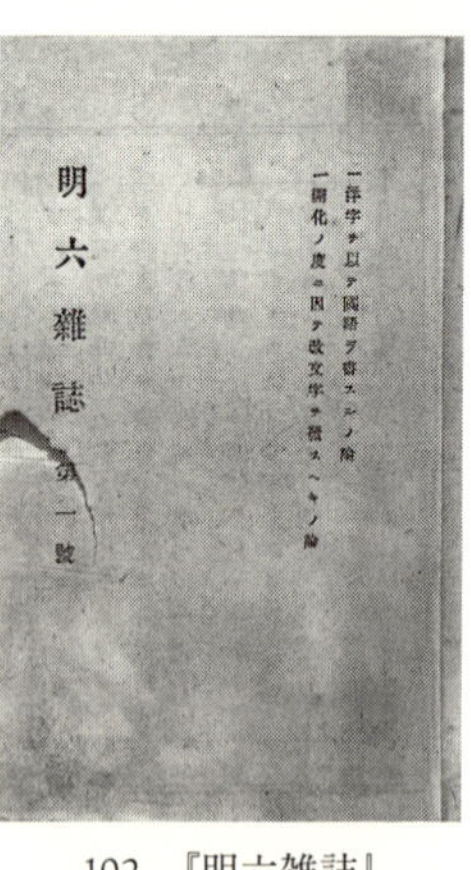

102　『明六雑誌』（東京大学明治新聞雑誌文庫蔵）

103　新島　襄

リ万国博覧会には、幕府・薩摩藩・佐賀藩が参加し、幕府使節徳川昭武がヨーロッパ各国を歴訪するなどのこともあり、西洋の文化を受容する基礎が徐々に作られていった。

そうした中で、一八六六年から一八七〇年（明治三）にかけて刊行された福沢の『西洋事情』全六冊は、平易に西洋諸国の文物を紹介した書として、初編は一五万部、上方で流行した偽版を加えると二五万に及ぶ売行きを見せたが、それと並んで広く読まれたのが、一八七一年刊の中村正直訳『西国立志編』であった。この書物は、中村がイギリスの友人から贈られたスマイルズの『自助論』を、帰国の船中で読んで感動し、帰国後直ちに全訳したもので、先人の逸話を集めた伝記集の形で、自立的な人生の理想が説かれていることで、多大な読者を獲得した。

そうした中で一八七〇年、仮名垣魯文（かながきろぶん）（一八二九―九四）が、西洋に行った人々の話を集めて書いた滑稽本『西洋道中膝栗毛』が刊行され、西洋の風俗を紹介した本として評判になったことは、人々の西洋への関心の大きさを示している。

イギリスから帰国した森有礼は、新政府に出仕して旧制度の改革に着手したが、「廃刀令」を建議して非難を浴びると潔く政府を辞して外交官としてアメリカに渡った。一八七三年、帰国した森は、日本にも欧米にある学会のような組織が必要であると考え、同志を集めて明六社という結社を作った。会員は、年齢順に箕作秋坪(みつくりしゅうへい)・西村茂樹・杉亨二・西周(にしあまね)・津田真道(つだまみち)・中村正直・福沢諭吉・加藤弘之・箕作麟祥(りんしょう)・森有礼の一〇人で、哲学から政治、経済までさまざまな議論を行い、機関誌『明六雑誌』を発行して、欧米の学術・思想を紹介した。明六社の活動は二年間で終わったが、文明開化の時代に大きな役割を果たした。

欧米に渡った人々の多くは新政府の指導者となり、啓蒙活動の中心になったが、欧米の文化を伝えたもう一つの流れとして、キリスト教の宣教師の活動があった。開港後すぐに、来日した宣教師から深い感化を受けた新島襄(にいじまじょう)(一八四三―九〇)は、密出国してアメリカに留学し、滞米一〇年の間に岩倉使節の通訳を務めたりしたが、帰国後京都に同志社英学校を開いて、キリスト教に基づく教育活動を始めた。

お雇い外国人教師

新政府は、まだその形も整わない中で、日本の近代化を進めるために、乏しい財政の中でも破格の高給を支払い、欧米の国々から指導者を招いた。政府に招かれた人々であったから、敬意を示して「お雇い」といわれたが、外国人教師の中には、向学心に燃えた日本人の熱意に応え、不慣れな日本

内　閣	レースレル（ドイツ）	法律顧問
大　蔵	キヨソーネ（イタリア）	紙幣・印刷局
司　法	ボアソナード（フランス）	法律顧問
文　部	フルベッキ（アメリカ・オランダ）	大学南校・大学
文　部	ベルツ（ドイツ）	東京医学校・大学
開拓使	クラーク（アメリカ）	札幌農学校

104　お雇い外国人

1890年	ボアソナード民法公布 穂積八束「民法出デテ忠孝亡ブ」 梅謙次郎　ボアソナード民法を支持
1893年	民法施行延期
1898年	新民法公布・施行

105　民法典論争

の生活に耐え、誠心誠意指導に当たった人々が多かった。広く知られている人物を挙げておきたい。

司法省法学校で法学を講じたフランス人ボアソナード（一八二五—一九一〇）は、パリ大学の助教授であったが、滞仏中の井上毅に法学を教えたことから、日本に招かれた。拷問などの江戸時代以来の前近代的な慣習を批判して法制の近代化を進め、民法典編纂の中心になったが、できあがった民法は日本社会の秩序を乱すものとして大論争を引き起こし、施行されなかった。

新政府は北海道の開拓に強い関心を持っていたが、開拓使が創設した農学校に招かれたクラーク（一八二六—八六）は、札幌でアメリカ式の農業を教えた。滞日の期間は短かったが、キリスト者として、農学校に集まった青年に大きな影響を与え、内村鑑三、新渡戸稲造などは、後にキリスト教徒として活動した。

ドイツ人医師ベルツ（一八四九—一九一三）は、東京医学校で内科学、産婦人科学の講義を受け持ったが、二九年の日本滞在の間に、日本と日本人をよく理解し、人類学的な関心で日本人を研究し、日本の自然についても多くの研究成果を上げた。

アメリカから招かれたフェノロサ（一八五三―一九〇八）は、東京大学で理財学と哲学を講じたが、日本の美術に深い関心を持って、仏像の調査研究を進め、帰国後、ボストン美術館の東洋部長となり、日本美術を世界に紹介した。

工部美術学校は、イタリアから招いた画家のフォンタネージ（一八一八―八二）に、油絵の技法の教授を要請し、彫刻家のラグーザ（一八四一―一九二七）に、西洋の彫刻の制作法を伝えることを求めた。はじめて本格的な油絵を学び、大理石やブロンズの彫刻を学んだ門下の日本人によって、日本の近代的な美術が生みだされることになった。

もう一人、お雇い外国人教師ではないが、ヘボン（一八一五―一九一一）の名を挙げておくことにする。ヘボンは、ヘップバーンと表記する方がよいが、明治時代以来のヘボンの名で知られている宣教師で、滞日三三年間の宣教生活の間に、医学知識を伝え、また日本を理解するために『和英語林集成』という最初の和英辞書を編纂した。この辞書のために考案されたのが、ヘボン式と呼ばれるローマ字の日本語表記法である。

106　ベルツ

大学と小学校

近代化を進めるために、多くのお雇い外国人教師を招聘した政府は、近代的な大学をめざして、一八七七年（明治十）に、幕府が建てた開成学校と医学校を併せて、東京大学を創立した。東京大学は、法・理・文・医の四学部からなる最初の近代的な総合大学で、西洋のテキストを用い、西洋のことばで講義を行った。学生はそうした講義を理解するのが難しく、初等・中等教育の制度もまだ整っていなかったので、大学予備門を開設したが、それがのちに第一高等中学校になった。

一八八六年、学校制度の整備の中で、大学は帝国大学となり、一八九七年に京都帝国大学が新設された時、東京帝国大学と改称されることになった。帝国大学は、はじめは法科大学、文科大学といった単科大学を総合する形をとっていたが、のちに単科大学は学部に改められた。

国立の東京大学、帝国大学に対して、私立の大学の活動も盛んであった。福沢諭吉が一八六八年(慶応四)に開いた慶応義塾は、一八七一年、文学・法律・理財の三科を持つようになり、大隈重信(一八三八―一九二二)が一八八二年に創設した東京専門学校も、在野の論客を集めて民間の啓蒙活動の中心となった。

大学は、欧米の学問を学び、先進的な技術を修得する機関であったが、教育制度が整えられる中で、初等教育は小学校、その上に男子のための中学校と、女子のための高等女学校が設けられた。小学校の教員の養成のための師範学校、女子師範学校、中学校と高等女学校の教員を養成する高等師範学校、女子高等師範学校があり、種々の専門学校も開設された。また、中学校を卒業して大学に進学する者のために、高等学校が置かれ、学校教育の制度が整えられていった。

一八七二年に「学制」が頒布されて、小学校における義務教育が始まったが、家内労働の担い手である児童を、学校に通わせることに対する反対運動が各地に起こり、近代的な学校教育が定着するまでには、長い年月を要した。

しかし現在は、文化財に指定されている長野県松本の開智小学校をはじめ、水戸市に移建されている茨城県の旧水海道（みつかいどう）小学校などの前に立つと、地域の教育のために私財を投じた素封家や、洋式の校舎の建築に精根を傾けた地元の棟梁の、新しい時代への意気込みを感じさせられる。小学校は、日本の津々浦々に、新しい文明を伝える発信塔としての役割を負っていた。

近代文学の成立

西洋の文明を摂取して、東京・横浜の中心部に赤煉瓦の洋館が立ち並び、ガス灯の光が町を彩り、東京・横浜間を汽車が走るなど、技術の受容は急速に進んだが、日本人の生活は容易に変わらなかった。洋服を着て洋館に出勤する官吏や、商社のエリートたちも、家に帰れば和服を着て、江戸時代とほとんど変わらない生活をしていたし、女性が職業を持つことは稀であったから、その生活は、髪の結い方から、衣服の選び方、家の中の役割まで、前代と同じであった。

大都市の中心に文明開化のしるしが見られても、一歩外へ出て農村を眺めれば、そこは江戸時代のままの風景が広がっていた。しかし、近代化の波は徐々に広がり、古い秩序は解体の道を辿っていた。

そうした中で、日本人が直面しているのは何なのか、何を考えて生きているのかを、明らかにしようとした人々が、表現の手がかりにしたのが文学であった。

江戸時代の知識人は、中国の古典に親しみ、漢詩を作ったり、漢文を書いたりして自己を表現したが、他方、擬古文を書き、和歌や俳諧に思いを託して生きている人々も少なくなかった。また、さまざまな草子や読本(よみほん)などが読まれていたが、漢文に始まるさまざまな文章は、新時代の人々が自己を内省し、思索の跡を表現するには不適当なものと感じられるようになった。西欧の近代文学に接した人々が、文学というものを見直し、新しい時代のことばと文章が必要であることを感じ始めたのである。

坪内逍遥(一八五九―一九三五)は、『小説神髄』を書いて新しい文学のあり方を示し、シェークスピアの戯曲をつぎつぎに翻訳し、上演を指導して、近代的な演劇の先駆者となった。また、二葉亭四迷(一八六四―一九〇九)は、ロシアの文学に接してツルゲーネフの影響を受け、現実をありのままに映すことに努めて『浮雲』などの小説を発表し、ツルゲーネフの作品を翻訳したが、ペテルブルグからの帰途、シンガポールで病没した。国木田独歩(一八七一―一九〇八)は、キリスト教に入信し、ワーズワスの詩を愛読して、はじめは浪漫主義的な詩を発表したが、のちに書いた小説は自然主義の先駆的な作品になった。島崎藤村(一八七二―一九四三)も、キリスト教に接して近代的な自我にめざめ、浪漫主義の詩人として活動したが、のちに宗教や社会の問題を考えるようになり、『破戒』『家』『夜明け前』など、自然主義文学を代表する作品を発表した。

さまざまな文学運動が起こる中で、超然として自己の立場を守りつづけたのが、夏目漱石（一八六七―一九一六）であった。英文学を学んだ漱石は、イギリスに留学して異文化を体験し、近代的な個人と日本の近代化について思索を重ね、それを『こころ』『明暗』などの小説に表した。漱石と並び称される森鷗外（一八六二―一九二二）は生涯、陸軍軍医として活動する傍らドイツ文学を研究し、『即興詩人』『ファウスト』などの名訳を残し、自然主義に対抗する立場で『舞姫』『雁』などを発表し、のちに『阿部一族』をはじめとする多くの歴史小説を書いた。

文学者たちは、明治のはじめからほぼ一世紀の間、日本の文化・思想の先頭に立っていたと考えられる。

13 日本中心の思想

日本歴史への関心

明治政府の指導者たちは、日本の近代化を急ぎ、それを欧米諸国の文物制度を取り入れることによって、実現しようとした。しかし、現実に日本社会の諸制度を作っていくには、西欧近代の制度についての表面的な知識だけでは不充分であり、前代までの日本の諸制度と、その運営の歴史についての知識が不可欠であった。江戸時代の後期に、古代以来の日本の国制や法律について、広い知識を持っていたのは国学者であったから、国家の統一をめざして活動を始めた人々は、国学者から律令や有職について学び、欧米諸国の制度を参考にしながら、新しい国家の構想を立てようとした。欧化政策の背後には、試行錯誤の複雑な過程があった。

一八七九年（明治十二）、文部大書記官西村茂樹（一八二八―一九〇二）は、文部大輔田中不二麿に対して、「古事類苑編輯ノ儀伺」という文書を提出し、日本の歴史と文化について正確で詳細な知識を得るために、百科事典の編纂が急務であることを主張した。西村は、明六社に参加した啓蒙的な官僚学者であり、文部卿欠員の中で文部省の実権を握る田中は、岩倉使節の一員として欧米の具体的な姿を知っていた。西村の建議を理解した田中は、日本の社会の伝統を知るために、西欧の国々にあるような百科事典を編纂する事業を始めることにしたが、国学者を中心にした『古事類苑』の編纂事業は、多大の時間と費用を要して困難を極め、紆余曲折ののち、伊勢神宮に引き継がれて全一〇〇〇巻とその索引が完成したのは一九一四年（大正三）のことであった。全体を三〇の部門に分け、各項目の後に、史料を列記した『古事類苑』は、近世の日本研究を集大成したものであり、その後の日本史・日本文化史などの研究の基礎となった。

それより前、明治政府は、政局がまだ不安定であった一八六九年に、明治天皇の「御沙汰書」によって、六国史の後を受け継ぐ国史の編纂事業を進めることを明らかにした。それが、王政復古の理念を示すものであり、中国の正史編纂の伝統に倣うものであったことはいうまでもないが、日本人にとって統一国家というものは律令国家以外にはなかったので、国家の統一をめざす志士の前に、律令制度と律令国家の文化が浮かび上がり、日本の歴史への関心がたかまったことを見落とすわけにはいかない。国史編纂の事業は、『大日本史料』という形になり、その編纂と刊行は現在もつづけられている。

107　『古事類苑』（洋装本全51巻）

他方、政府の各部局も、政策立案のために、管轄の分野に関する諸制度の沿革を調査し、歴史を編纂しようとした。元老院の『旧典類纂皇位継承篇』『旧典類纂田制篇』、大蔵省の『大日本貨幣史』『大日本租税志』『日本財政経済史料』『吹塵録』、司法省の『憲法志料』『徳川禁令考』、外務省の『外交志』、文部省の『日本教育史資料』、農商務省の『大日本農史』、逓信省の『駅逓志稿』、陸軍省の『陸軍歴史』、海軍省の『海軍歴史』などがその代表的なもので、短期間に集中的に進められた調査に基づいて、近代化の道が敷かれていった。

古典の研究と教育

政策立案の必要に迫られて、日本史と日本古典の研究が進められたが、一八七七年（明治十）に創設された東京大学は、西欧の大学を模範としていたために、中心となったお雇い外国人教師の講義は、西欧の学術書を教科書としてヨーロッパの各国語で行われていた。したがって、日本の歴史や古典の研究と教育は重視されることはなかった。文学部に置かれた史学科の講義も、ギリシャ、ローマ、イギリス、フランス、ドイツなどの歴史の講義はあったが、日本史・中国史が取り上げられることはなかった。

日本の大学でありながら、日本の歴史と文化の研究が進められず、教育も行われないことへの批判が起こったため、一八八二年に大学の文学部に和漢古典講習科が設けられることになり、日本史・中国史の講義が始まったが、大学はそれを和漢文研究の基礎科目とし、近代的な史学の講義とは認めなかった。

一八八二年、東京大学に和漢古典講習科が設置された年に、東京の麴町区（現在の千代田区飯田橋）に皇典講究所が開かれた。皇典ということばは、皇国の古典、つまり日本の古典という意味で、国学者の間で用いられていたことばであった。政府は、神道の布教に力を入れていたが、自由民権運動、立憲運動のたかまりに対抗するために、皇典の研究と教育の必要性を説く声が出始め、それに応えて皇典講究所が置かれることになった。

皇典講究所は、内務省の意向を受けて、神職の養成に当たることになった。国家神道の体制を作っていく上で、神職の養成は重要な課題となった。一八九〇年に皇典講究所の敷地内に国学院が置かれて、神道の研究と教育に当たるようになり、国体を明らかにして立国の基礎を固め、徳性を涵養することをめざした。

『古事類苑』の編纂をはじめとする日本の歴史や古典の研究や、国家の根幹を支えるものとして重視された神道を担う神職の養成が、政府直属の機関や国立の東京大学を拠点とするのではなく、伊勢神宮や皇典講究所、国学院など、政府と深いつながりを持つ民間の組織によって担われていたことに、近代化の複雑な道程が現れているといえよう。

小学校の教科に日本史が取り入れられることになり、明治の半ばになって、教科書が作られることになったが、日本史教科書を編述したのは国学者たちであった。大学の史学科に関わる人々は日本の歴史を叙述することに消極的で、日本史教科書を書くことができなかった。一九世紀の末につぎつぎに作られた日本史教科書は、その後長い間、日本史教科書の原型として受け継がれていくことになった。

伝統的な価値の擁護

条約改正という目標の下、政府は欧化政策を推進し、富国強兵をめざして産業の近代化を急いだが、その結果さまざまな社会的矛盾を生み出すことになった。上滑りの欧化を批判して、伝統的な文化に立脚した日本の立場を主張しようとする人々が現れたが、その中心になったのが、志賀重昂（一八六三―一九二七）、三宅雪嶺（一八六〇―一九四五）、杉浦重剛（一八五五―一九二四）、井上円了（一八五八―一九一九）、島地黙雷（一八三八―一九一一）らであり、一八八八年（明治二十一）に政教社が創設された。

政教社に集まって国粋主義を唱えた人々は、東京大学や札幌農学校を卒業して欧米に留学するなどした新進の知識人たちであり、のちに現れる排外的な日本中心主義とは異なって、欧米の無批判的な模倣に反対し、日本固有の真・善・美の達成を主張した。機関紙『日本人』には、鹿鳴館に代表される外交方針の批判から、対外独立の路線を主張する論説や、それを貫くための立憲主義的な政治論が掲載された。

東京大学でフェノロサの影響を受けて西洋哲学を学んだ三宅雪嶺は、評論家として幅広い活動をつづけ、『真善美日本人』『偽悪醜日本人』『同時代史』などを著した。札幌農学校を卒業して地理学者となり、南洋諸島を視察するなどした志賀重昂は、国粋保存主義を唱えて『日本風景論』を著し、のちには政治家としても活動した。また、杉浦重剛はイギリスに留学した化学者で、東京大学で教鞭を執り文部省に勤務したが、言論界に転進して国粋主義の論客となった。東洋の思想や哲学を拠り所として、キリスト教を批判した井上円了と、政教分離と信教の自由を唱えて活動する一方、伝統的な価値を守ることの意味を論じた島地黙雷は、僧侶として国粋主義の論陣に参加した人物として知られている。

政教社の『日本人』と並んで、欧化主義反対の拠点となったのは、『日本』という新聞であった。その主筆陸羯南（くがかつなん）（一八五七―一九〇七）は、政教社が国粋主義を標榜したのに対して、国民主義を唱え、内における国家の統一と、外に向かって国家の独立を実現するために、天皇の権威を重視するナショナリズムの論客として活動した。

108　志賀重昂

109　『日本人』（東京大学明治新聞雑誌文庫蔵）

他方、欧化政策への批判は、近代的なものへの批判から、当時日本に伝えられ始めた社会主義に傾斜する流れを生み、複雑な過程を辿ることになっ

110　三宅雪嶺

111　陸　羯南

た。

　こうした中で、国民、国民性への関心がたかまったが、一九〇七年（明治四十）に刊行された芳賀矢一（一八六七―一九二七）の『国民性十論』は、忠君愛国、祖先を崇び家名を重んず、現実的実際的、草木を愛し自然を喜ぶ、楽天洒落、淡白瀟洒、繊麗巧緻、清浄潔白、礼節作法、温和寛恕、という一〇項目を挙げて、日本人はこうした国民性を自覚して欧米の長所を取り入れなければならないと論じた。

国家主義の思想と運動

　近代化の中で社会のさまざまな矛盾が露呈し始めたころ、一九二三年（大正十二）九月一日、相模湾北部を震源とする関東大震災が起こり、東京・横浜は壊滅状態に陥った。経済的な打撃と社会的な混乱は、人々の間に国家的な危機感を呼び起こし、日本というものを考え直そうとする流れを生み出した。

　震災後、十一月十日に出された「国民精神作興に関する詔書」は、「浮華放縦ノ習」「軽佻詭激ノ風」を戒め、忠君愛国の思想に基づく国民精神の振興が国家興隆の基礎であると説き、政府はそれを受けて、日本精神を強調して国民を教化し、欧米の思想の流入による国民精神の悪化を防ぐ方針を打ち出した。第一次世界大戦、ロシア革命、中華民国の成立など、世界の緊張の中で国家主義の動きが強まり、排外的な思想が広まっていくことになった。

こうした中で、一九一九年に結成された大日本国粋会が活動の範囲を広げて大きな力を持つようになり、社会主義の影響を受けた運動への介入は、暴力的なものになっていった。国家主義の思想は、皇室の尊厳を強調して伝統的な思想を守り、天皇と国民の関係を一君万民、君民一如などのことばで説明し、その国家体制を万邦無比の国体であると主張し、神州不滅と唱えるものであり、自由主義・個人主義などを敵視し、議会主義・資本主義などを批判した。

それより前、頭山満（とうやまみつる）（一八五五―一九四四）は、一八八一年（明治十四）に玄洋社を結成し、欧米に圧迫されているアジアは同質の文明を持っており、一つであるとする大アジア主義を唱え、アジアで唯一の独立国であり、富国強兵を達成した日本がアジアの盟主であると主張して、大陸進出を説いた。頭山は、皇室中心主義と愛国主義を掲げ、長期にわたって在野右翼陣営の大御所として活動したが、その影響を受けた内田良平（一八七四―一九三七）は、一九〇一年に玄洋社から分かれて黒龍会を結成し、大アジア主義と国粋主義を説いて、大陸進出の運動を展開した。

大アジア主義は、次第に、アジアの盟主である日本の強化発展のために、他のアジア諸国を侵略することを正当化する思想に変質し、黒龍会は、満州・蒙古を標的にした政治活動をつづけることに

112　頭山　満

113　北　一輝

なった。右翼の政治結社がつぎつぎに現れ、大川周明（一八八六―一九五七）、北一輝（一八八三―一九三七）などが、指導的な思想家として活動した。

北は、『国体論及び純正社会主義』『日本国改造法案大綱』などを著し、天皇の権限の拡大、専門的な官僚の統制、徴兵制の強化などによって国家社会主義の体制の実現を考え、戒厳令を発し、議会の機能を一定期間停止して憲法を改正する方策を立てた。北の主張は、軍人に大きな影響を与えたが、一九三六年（昭和十一）二月二十六日に起こった二・二六事件に指導的な役割を果たしたとして、死刑に処せられた。

大東亜の思想

日清・日露戦争、韓国併合、満蒙進出、満州国建国という流れの中で、アジア主義は、アジアの諸国諸民族との連帯を欠落させていった。一九三七年（昭和十二）七月に始まった中国との紛争で、英・米・仏の強国と対立するようになった日本は、戦略物資を東南アジアで確保しようとし、アジアの経済圏を作ろうとした。一九四〇年、第二次近衛内閣の外務大臣松岡洋右（ようすけ）は、大東亜共栄圏の確立を図り、自給自足の東亜安定をめざすという外交方針を発表した。

当時、「八紘（はっこう）を一宇とする肇国（ちょうこく）の大精神」が鼓吹されていた。『日本書紀』神武紀の、神武天皇の即位に際して示された詔（みことのり）の中に、「兼二六合一以開レ都、掩二八紘一而為レ宇不二亦可一乎」とあるのに拠って、明治の末に「八紘一宇」ということばが作られ、アジア主義の標語のように用いられていた。八紘とは四方と四隅のことで世界を意味し、宇は家、屋根のことであるから、世界の諸国諸民族を一つの家のように治めるというのが、建国の精神であると主張された。一九四〇年は、日本の紀年で、二六〇〇年に当たっていたので、紀元二六〇〇年記念行事の中で、このことばが繰り返され、大東亜共栄を表すことばとして広められた。

一九四三年十一月五、六日、敗色を隠し切れなくなった政府は、東京で大東亜会議を開いた。会議を主催したのは総理大臣東条英機で、出席したのは、中華民国行政院長汪兆銘（おうちょうめい）、タイ首相名代ワンワイタヤコーン、満州国総理張景恵（ちょうけいけい）、フィリピン大統領ホセ・ラウレル、ビルマ首相バー・モウ、自由インド仮政府首席チャンドラ・ボースという人々であった。会議は、道義に基づく共存共栄、自主独立の尊重、互恵的経済発展、人種差別の撤廃などを列記した「大東亜綱領」を発表したが、それが空文であったことは、歴史の示す通りである。

敗戦の翌年、一九四六年一月一日に、天皇は詔書を出して、天皇の存在が民主化政策と矛盾しないことを示そうとした。その中に、朕ト爾等国民トノ間ノ紐帯ハ、終始相互ノ信頼ト敬愛トニ依リテ結バレ、単ナル神話ト伝説トニ依リテ生ゼルモノニ非ズ。天皇ヲ以テ現御神（アキツミカミ）トシ、且日本国民ヲ以テ他ノ民族ニ優越セル民族ニシテ、延テ世界ヲ支配スベキ運命ヲ有ストノ架空ナル観念ニ基クモノニモ非ズ。

という一節があり、天皇が自ら神格を否定したものとして、「天皇の人間宣言」という名で知られることになった。一九四七年、「日本国憲法」が施行され、日本中心の思想の中核であった「現御神」として「神聖」な天皇は、日本国の統合の「象徴」になった。

14　近代日本の諸宗教

惟神道と帝国憲法

近代国家が成立する過程は、国ごとにさまざまな歴史を経て、国家が宗教の権威から独立し、信教の自由が認められ、政教分離の制度が整えられていく過程でもあった。日本は、アメリカの圧力によって鎖国を解き、西欧の国々と交渉を持つようになったが、徳川幕府は、キリシタンの禁制を改めようとはしなかった。開国後の政治の激動を経て成立した明治政府は、一八六八年（明治元）三月十四日、新政の方針を「五箇条の誓文」として発表し、「天地ノ公道」に基づき、「智識ヲ世界ニ求メ」るべきことを説いたが、その翌日に布告された五榜（ごぼう）の掲示の第三札には、「切支丹宗門ノ儀ハ堅ク御禁制タリ。若不審ナル者有レ之ハ其筋之役所ヘ可ニ申出一御褒美可レ被レ下事」と明記して、前代の政策を受け継ぐことを表明した。

明治国家の指導者たちは、国家の統一を実現していく上で、宗教が大きな役割を果たすものであることを知っていた。近代的な国家を支えていく宗教として、封建時代の仏教は不適格であると考えた人々は、国家を支える宗教は、雑多な陋習（ろうしゅう）を包み込んだ既成の宗教ではなく、純一な宗教でなければならないという復古神道の主張にしたがって、惟神道（かんながらのみち）を立てるようになった。神仏分離の法令が出されて、既成の宗教は神祇と仏法とに分けられ、いずれかに属したのちは習合の要素の除去に努めるよう命じられた。そうした流れの中で廃仏毀釈（はいぶつきしゃく）の運動が各地に広まり、寺院を破壊し、仏像や仏具を廃棄する人々が出た。

幕末に日本と欧米諸国との間に結ばれた条約は不平等なものであったから、明治政府の外交は、条約の改正を第一の課題としていた。しかし、条約改正の交渉相手国は、キリスト教の国々であったから、日本がキリスト教を禁止していることを非難しつづけ、外圧に抗しきれなくなった政府は、一八七三年二月、キリシタン禁止の高札を撤廃した。条約改正のためには、キリスト教の布教を許可し、信教の自由を認めることが不可欠の条件であったから、政府が推進する欧化政策の中で、キリスト教の布教活動はめざましい進展を見せることになった。

封建時代の旧弊の象徴のように見られた仏教諸宗は、強い危機感を持って新時代における宗教のあり方を模索し、神道の国教化が進められる中で、信教の自由を主張した。宗教政策をめぐるさまざまな問題が論じられる中で、一八八九年二月十一日に公布された『大日本帝国憲法』は、第二十八条に、

日本臣民ハ安寧秩序ヲ妨ケス及臣民タルノ義務ニ背カサル限ニ於テ信教ノ自由ヲ有ス

と、条件つきの信教の自由を認めたが、国家が維持する神社の神道は、信教の自由の対象となる宗教ではなく、国民道徳の根本であり、宗教を超えたものであるという立場をとることになった。

宮中の祭祀と、国家の行事と儀礼はすべて神道化され、四方拝（しほうはい）（一月一日）、元始祭（一月三日）、紀

元節（二月十一日）、春季皇霊祭（春分の日）、神武天皇祭（四月三日）、秋季皇霊祭（秋分の日）、神嘗祭（十月十七日）、新嘗祭（十一月二十三日）、天長節（明治天皇は十一月三日、大正天皇は八月三十一日、昭和天皇は四月二十九日、明治天皇の天長節は、のちに明治節となる）、先帝祭などが祝祭日と定められ、儀式を通じて神道が国民の間に浸透していった。

神社と教派神道

国教化された神道の拠り所である神社は国家の機関であり、国費・地方費などの公費によって維持され、神官・神職は国家の官吏とされた。主要な神社は官幣社と国幣社に分けられ、それぞれが大・中・小に格づけされ、別格官幣社という社格も設けられた。官幣社、国幣社につぐ神社は府県社とされ、その下に郷社、村社、無格社があった。神社は年々増え、統合されることもあったが、一九四五年八月には、

官幣社　大社六二、中社二六、小社五、別格官幣社二八。
国幣社　大社六、中社四七、小社四四。計二一八社。
府県社一一四八、郷社三六三三、村社四万四九三四。
無格社五万九九九七。

で、総計一〇万九七一二の神社が、国家神道を支えていた。

惟神道	神道（教派神道）十三派	黒住教・金光教・天理教・出雲大社教・神道修正派・御嶽教など
	仏教　七宗	天台宗・真言宗・浄土宗・浄土真宗・禅宗・日蓮宗・時宗
	基督教	

114　国家の宗教統制

115　黒住宗忠
（黒住教本部蔵）

惟神道の下に位置づけられた宗教は、政府の宗教政策の下で、神道・仏教・基督教の三つに分けられたが、当初、政府から許可された神道教団は、神道系の神道大教・神理教・出雲大社教、儒教系の神道修正派・大成教、山岳信仰系の実行教・扶桑教・御岳教、禊系の神習教・禊教、さらに幕末に生まれた天理教・金光教・黒住教の、一三教団を数えたので、教派神道十三派と呼ばれた。

教派神道は、伝統的な神祇信仰の系譜の中で、個人教化をめざして布教活動を展開したが、なかでも備前国（岡山県）の神職であった黒住宗忠（一七八〇―一八五〇）が、天照大神を祭神として説いた黒住教、大和国（奈良県）の庄屋の娘中山みき（一七九八―一八八七）が、天理王命の声を聞いて開いた天理教、備中国（岡山県）の貧農金光大神（一八一四―八三、もとの姓名は川手文治郎）が、天地金乃神の教えを伝えて始めた金光教の三教派は、教祖が感得した神の教えを平易なことばで伝え、多くの信者を集めて成立した教団で、民衆の間で起こった創唱宗教的な性格を持つものとして注目されている。

仏教とキリスト教

国家が神仏分離を進める中で、仏教諸宗は新時代に生き残るための道を模索し始めた。教団としてのまとまりを持ち、多くの信徒を擁する浄土真宗では、東西両本願寺の指導的な僧侶が相ついで洋行し、欧米の宗教事情を視察し西洋文化の吸収に努めた。本願寺派の島地黙雷（一八三八―一九一一）はヨーロッパから帰国後、政教分離と信教の自由を主張して政府の宗教政策を批判し、教団の近代化のために幅広い活動を展開し、大谷派では、法主の大谷光瑩（こうえい）（一八五二―一九二三）が、門徒を率いて政府の北海道開拓に協力し、自ら西欧各国を歴訪して、宗門の近代化を図ったりした。

仏教の立場から新時代の啓蒙活動に努める僧も多く、浄土真宗の大内青巒（せいらん）（一八四五―一九一八）、井上円了（一八五八―一九一九）、曹洞宗の原坦山（たんざん）（一八一九―九二）らが指導的な役割を果たした。また、イギリスで宗教学・インド学を学んだ南条文雄（ぶんゆう）（一八四九―一九二七）などを先駆者として、近代的な仏教研究が始まり、各宗は、教学の確立と僧侶の知識の向上のために、伝統的な僧侶教育機関を大学に改組し、浄土真宗の龍谷大学と大谷大学、曹洞宗の駒沢大学、日蓮宗の立正大学などが創設された。近代社会における仏教のあり方を考え、宗派を超えた諸宗連合の大学の開設をめざす運動も起こったが、宗派の枠を越えることができない日本の仏教諸宗は、その運動を発展させることができなかった。

開国後、日本に滞在することになった欧米人の礼拝のために、ヘボン、フルベッキ（一八三〇―九八）らの宣教師が来日したが、一八七三年（明治六）にキリスト教が解禁されると、宣教師の伝道は急

116　内村鑑三

に活発になった。伝統的な儒教や仏教の立場を守ろうとする人々は、さまざまな形で反キリスト教の運動を起こし、布教伝導を妨げようとしたが、キリスト教は文明の宗教として日本人の間に受け入れられ、すぐれた宣教師の活動は、新時代の知識人たちに大きな感化を及ぼし、教育や社会事業の面で、多くの指導者が生まれた。

幕末に密出国してアメリカに渡り、滞米中に岩倉使節団の通訳を務めた新島襄は、帰国後アメリカ組合派教会の支援を得て同志社英学校を開き、ついで同志社女学校を開校したが、一八八四年に同志社英学校を同志社大学とした。新島襄は、国を興すのは教育と知識と国民の立派な品行の力であるという信念に基づいて、教育に生涯を捧げた。

内村鑑三（一八六一―一九三〇）は、札幌農学校でクラークの感化を受けてキリスト教に入信し、アメリカに留学して信仰を深めた。帰国後は幅広い活動をつづけ、特定の教派や神学にしたがうことをせず、聖書にのみ基づく無教会主義を唱えた。また、植村正久（一八五八―一九二五）は、横浜のブラウン塾に学び、宣教師に導かれてキリスト教に入信し、牧師となった。東京の富士見町教会を拠点として布教伝導をつづける一方、週刊新聞『福音新報』の刊行などを通じて社会の改革のために尽くし、明治・大正時代の代表的なキリスト者として知られた。

神社の創建と新興の教団

古来の神社だけでなく、政府はつぎつぎに神社を創設した。明治維新に際して、国事に殉じた人の魂を祭る神社は招魂社と呼ばれたが、一八七九年(明治十二)に、靖国神社となった。また招魂社は各地に建てられていたが、一九三九年(昭和十四)には府県ごとに建てることとなり、護国神社と呼ばれることになった。

史上の重要な天皇も神として祭られ、神社が創建されたが、明治天皇を祭神とする明治神宮はその代表ともいうべき神社で、国民の勤労奉仕と全国各地から奉献された樹木で境内が整えられ、神宮の外苑は国民の文化的な活動の場となった。また、桓武天皇を祭る平安神宮が、平安京一一〇〇年を記念して創建され、後醍醐天皇を祭る吉野神宮、後鳥羽・土御門・順徳三天皇の水無瀬神宮、安徳天皇の赤間神宮などが建てられた。

こうして、神社は国民精神の宣揚の場となり、楠木正成の湊川神社をはじめ、南朝の公家、武将を祭る神社がつぎつぎに創建され、幕末の志士を祭る神社、近代では乃木神社や東郷神社などが建てられた。

明治以来、日本の国がその版図を拡張していくにつれ、各地に神社が建てられた。明治のはじめ、北海道の開拓が始まると、札幌神社が建てられ、樺太(サハリン)の豊原(現在のユジノサハリンスク)に樺太神社、朝鮮(大韓民国)の京城(ソウル)に朝鮮神宮、台湾の台北に台湾神宮、関東州の旅順(遼寧

樺太神社　豊原市（現ユジノサハリンスク）	1910年
札幌神社　札幌市 └→北海道神宮　1964年	1872年小社，93年中社，99年大社
朝鮮神宮　京城市（現ソウル市）	1925年大社
台湾神社　台北市 └→台湾神宮　1944年	1901年大社
南洋神社　ミクロネシアのコロール島	1940年大社
関東神宮　旅順市（現遼寧省旅大市）	1944年大社
建国神廟　新京市（現吉林省長春市）	1940年満州国皇帝直属

117　神社の創建

省旅大）に関東神宮、ミクロネシアのコロール島に南洋神社というようにつぎつぎに神社が創建された。また、満州国の首都新京（吉林省長春）には満州国皇帝直属の建国神廟を建てて、天照大神を祭った。外国に建てられた神社は、今は跡形もない。

神社が創建される一方、民間では新興教団の活動がつづいていた。丹波国の北部（京都府）に生まれた出口ナオ（一八三六—一九一八）が開いた大本教は、大正時代に入って、娘婿の出口王仁三郎（一八七一—一九四八）の活動によって発展し、多くの信者を集めるようになったが、教団の活動が不敬罪にふれ、治安維持法に違反するという理由で激しい弾圧を受け、軍隊の出動によって神殿が破壊されるに至った。近代化の陰で、農村の窮乏が進み、社会運動が活発になると、政府は新興の教団の動きを警戒するようになり、多くの教団が活動を制限され、弾圧を受けることになった。

一九一九年（大正八）に創立された霊友会、一九二九年に開かれた生長の家をはじめ多数の教団が生まれ、近代化のひずみの中で苦しむ人々に、現世利益的な教えを説いた。

国家神道の解体と新宗教

一九四五年（昭和二十）八月十五日、日本は連合国に降伏して、連合国軍に占領された。連合国最高司令官は、日本の非軍国主義化をめざして、さまざまな施策を発表する中で、皇室財産の凍結と、国家神道の禁止を命じ、十二月十五日に、「国家神道ニ対スル政府ノ保証、支援、保全、監督並ニ弘布ノ廃止ノ件」を発表した。一般に「神道指令」の名で知られている。

翌一九四六年一月一日に、天皇は、一般に「天皇の人間宣言」の名で知られる詔書を発表して、天皇の神格を否定し、国家神道の解体を認めることを明らかにした。国家神道の解体に伴って、全国の神社のほとんどは、神社本庁という組織に属する宗教組織になった。ついで、一九四七年に施行された『日本国憲法』の第二十条によって、信教の自由と政教分離の原則が明示され、憲法の規定に基づく「宗教法人法」も制定された。

こうした中で、宗教活動が自由になると、神々のラッシュアワーといわれたように、つぎつぎに教団が現れ、活発な宗教活動が繰り広げられるようになった。

新しい教団の例として、まず挙げられるのが創価学会であろう。牧口常三郎（一八七一—一九四四）という教育者が作った創価教育学会に始まる創価学会は、戦時下にさまざまな弾圧を受けたが、戦後急速に巨大な教団に発展し、多方面の活動を展開して現在に至っている。

また、戦前に教育勅語を教典として活動していたひとのみち教団が、戦後、パーフェクトリバティ教団（略してＰＬ教団）と名を改めた教団や、大本教から分かれて世界救世教となった教団、霊友会から分かれた日蓮系教団で、戦後急速に拡大して、創価学会につぐ大教団となった立正佼成会などがある。

かつては、国家神道や伝統的な仏教の宗派に属さない教団を、新興宗教ということばで呼ぶことが一般的であったが、新興宗教ということばには、伝統的な既成教団からの軽視の響きがあり、無宗教を標榜する知識人が揶揄して使うことが多かったために、いわゆる新興宗教諸教団の信者の数が増えるにしたがって、新興宗教ということばを避けるようになって、新宗教と呼ぶことが多くなった。経済成長がつづき、日本社会の構造に大きな変動が起こる中で、第二次世界大戦後の波とは別の、新しい宗教教団の活動の波が起こり、現在に至っているが、それらを新宗教と区別して新々宗教と呼ぶことも多い。幸福の科学、阿含教をはじめさまざまな教団がある。

日本人の宗教心の無さがしばしば問われるが、毎年、文化庁が発行している『宗教年鑑』には十数万の教団があることが記されており、見方によっては、日本人の宗教的な関心が盛んであることを示している。欧米の宗教観を受容した知識人の見方とは別の観点に立って、日本人の宗教的関心と行動を捉え、日本人の宗教の内容を問うことが必要であるが、それが十分になされているとはいえない状態にあるといわざるをえない。

15 国際社会における日本文化

オリンピックの開会式

世界の国々の代表が集まって力と技を競うオリンピック大会は、世界中の関心を集める人類最大の祭典といってよいであろう。開催都市とその国は、選手団と数多くの観客を迎えて、大会が平和の祭典として諸民族の交流の場となるよう、さまざまな努力を積み重ねる。

オリンピックの開会式は、発祥の地ギリシャで古式にのっとって採火され、遠く開催地まで運ばれてきた聖火を、スタジアムを見下ろす所に設けられた聖火台に点火する儀式で頂点に達するが、その後、開催都市とその国の文化を紹介するはなやかなページェントが繰り広げられる。開催都市の歴史やその国の文化が式典の中に集約され、観客はいうまでもなく、テレビを見る世界中の人々が趣向を凝らした演出に引きつけられる。

かつて、ヒトラー政権下のベルリンで開かれた一九三六年の第一一回大会は、政治的宣伝に利用されたオリンピックとして非難されているが、第二次大戦後の大会は国際的な祝祭として世界の人々を集め、開会式は開催地の文化を紹介する絶好の機会になった。一九八八年のソウル大会の開会式は、韓国の神話や伝統文化を壮大なページェントとして展開して観客を圧倒し、一九九六年アトランタ大会の開会式も、アメリカの歴史とお国柄を表す迫力に満ちたものであった。一九九四年冬季のリレハンメル大会（ノルウェー）ではバイキングの活動を表し、白銀の世界を北欧の民族衣装が美しく彩る祭典が人々を魅了した。

日本で開かれた一九六四年の第一八回東京大会は、史上空前の偉大なる祭典と称賛されたが、造形と科学のオリンピックといわれた通り、競技施設の造形美、電子機器を使用した時計・記録・報道の設備、さらに大会にあわせて開通した東海道新幹線などで高く評価されたが、その開会式は日本民族の伝統と文化を世界に紹介するという性格は希薄で、日本が進めてきた欧米化・近代化の達成を世界に示すことを重視したものであった。この傾向は、一九七二年に札幌で開かれた、第一一回冬季オリンピック大会でも同様で、この大会がアジアではじめての冬季大会であることを強調するような色彩は薄かった。

近代百年の歴史の中で日本は、国際的な場で積極的に伝統的な日本文化、日本の民族文化を紹介することをしてこなかった。経済的な発展を遂げて、国際社会で活動の場を拡大した近年になってようやく、国際的な祭典の中に、日本の民族舞踊や太鼓や三味線などを取り入れることに抵抗感を持たずにいられるようになったが、東京大会・札幌大会の時はまだそうではなかった。

しかし、ソウル、アトランタ、リレハンメルなどの大会のことを思い浮かべた上で、日本で開かれる大会で、日本の伝統的な文化や民族文化を紹介しようとして、何を取り上げるかについて考えてみると、日本人が共通の考えを持っているかどうか疑問が湧いてくるのをいかんともし難い。そのことについて、少し遡って考えてみたい。

幕末明治の外交の儀礼

日本は一九世紀の半ば、ペリーの来航によって鎖国政策の変更を余儀なくされ、アメリカをはじめ欧米の国々と条約を結ぶことになった。新しい外交関係が成立すると、日本の使節が海外に出かけ、外国の要人が日本を訪れるようになったが、徳川幕府と明治の新政府は、いかにして外交の儀式典礼を取り行うかという問題に直面することになった。海を渡った日本の代表たちは、外交の儀礼の場に音楽と舞踏が欠かせないものであることを知っていたが、日本で外国の高官、貴賓を接待する妙案はすぐには浮かばなかった。

一八六九年(明治二)、イギリスのヴィクトリア女王の第二王子、エディンバラ公アルフレッドの乗艦が日本に寄港した時、新政府は、王子を赤坂の紀州藩邸に招待し、能を上演してもてなした。それより前、鹿児島藩は横浜に若侍を派遣して、イギリス海軍の楽長フェントンに西洋式の音楽を学ばせ、その翌年一八七〇年には、そのフェントンが天皇に対する礼式曲「君が代」を作曲して、できたばかりの海軍軍楽隊が演奏していたし、陸軍の方では、フランス人ダクロンを招いて陸軍ラッパ隊を編成していた。陸軍ラッパ隊は、一八七二年の鉄道開通式で儀式用の音楽を吹奏することになるが、できたばかりの軍楽隊に、外国の賓客をもてなすだけのレパートリーはなかったし、新政府の人々が格式を認めるものといえば、能しかなかったのである。

一八七一年十月、アメリカに向かって日本を出発した岩倉使節団は、アメリカからヨーロッパにまわり、一年一〇か月の間に一二か国を訪問して帰国した。使節団の一行は、歴訪する諸国の外交の儀式典礼に接して、その中に組み込まれている音楽や舞踏の役割の大きさに驚いたが、使節団の記録『米欧回覧実記』を書いた久米邦武は、ヨーロッパの宮殿の中にある劇場で上演されるオペラを、幕府や大名の城中で式楽として演じられる能と同じ役割のものと考え、帰国後、能の再興の運動を起こすことになった。

明治政府の中心となった武士や公家出身の政治家たちは、町人が出入りする卑俗な芝居や、町人や百姓の祭りを彩る太鼓や三味線、俗謡の踊りなどで、外国の賓客をもてなすことなど思いもよらないことであり、武家の式楽であった能（能楽という名称は明治時代に作られた）や公家の行事や寺社で奏されていた雅楽を、格式に適うものとして外交の場に押し出そうとしたが、期待した効果が得られず、陸海軍の軍楽隊に期待して西洋音楽の技術の向上を待つことにして、日本のさまざまな芸能が表に出ることを抑えようとした。

明治以来、東京オリンピックに至るまでの日本人の日本文化に対する考え方の一面を、そこに見ることができるのではないだろうか。

キリシタン宣教師	ルイス・フロイス，ロドリゲス
オランダ商館医師	ケンペル，シーボルト
幕末明治の外交官	オールコック，サトー
外国人教師	フェノロサ，ベルツ

118　日本文化の紹介

日本を紹介した外国人

日本の社会と文化を、外からの視点で観察した人が古代・中世になかったとは考えられないが、異文化との接触を進める中で、人類の社会と文化についての新しい思想が生まれたのは、一五世紀のいわゆる地理上の発見以来のことであった。大航海時代と呼ばれる世界史の波は、日本にも押し寄せてきたわけで、キリシタンの宣教師たちが、日本という国と日本人の生活を、ヨーロッパに伝えるようになった。

イエズス会の会員は、布教地の実状や布教の成果について、報告書を送ることを義務づけられていた。報告書の一部はローマで印刷に付され、会の活動を示すものとして広く頒布された。一六世紀の日本の状況は、ザビエルやバリニァーニの報告書によって、ヨーロッパの人々に知られたわけである。

バリニァーニ（一五三九―一六〇六）の勧めで派遣された天正遣欧使節が、ヨーロッパの人々に日本という国の存在を知らせたことは広く知られているが、フロイス（一五三二―九七）は、日本のキリシタンの伝道の歴史を詳しく調べ、『日本史』を著し、また日本人の風俗習慣を詳しく観察して、『日欧風俗対照覚え書』をまとめるなどして、日本人の生活をヨーロッパの人々に伝える上で、大きな役割を果たした。

フロイスのほかに、日本人とその文化を理解するための基礎を築いた人として、ロド

119　オールコック

120　アーネスト・サトウ

リゲス（生没年不詳）を挙げておきたい。ロドリゲスは、『日本語大文典』『日本語小文典』を著した宣教師で、日本語の本格的な研究の先駆者の一人であった。

南蛮人たちが活動した時代は短期間に終わり、江戸時代のいわゆる鎖国政策がとられることになると、ヨーロッパとの接点は長崎だけになったが、その長崎に置かれたオランダ商館に勤務した医師の中には、日本について幅広い関心を抱き、日本を研究しようとした人が少なくなかった。なかでもケンペル（一六五一―一七一六）は、二度の江戸への旅の間に日本を観察して『日本誌』を著した。また、シーボルト（一七九六―一八六六）は、来日して長崎で多くの日本人に西洋の医学を教授したほか、『日本』『日本植物誌』『日本動物誌』などを著して西洋に日本を紹介した。

つぎに、海外に日本を紹介した人々として、幕末明治の西欧の外交官を挙げなければならない。オールコック（一八〇〇―九七）は、駐日公使として来日し、幕末の日本外交に大きな役割を果たしたが、『大君の都』という書物の中で、日本の状況を細かに記している。また、オールコックの通訳として活動したサトウ（アーネスト・サトウ、一八四三―一九二九）は、長く日本に滞在して佐藤愛之助という日本名を名乗ったが、『一外交官の見た明治維新』を著した。外からの視点に立つ記録として、興味深いものである。

明治政府は、近代化を進めるために数多くの外国人教師を招いたが、その中には日本の文化に親しみを感じ、積極的に日本文化を研究した人も少なくなかった。東京医学校教師として来日し、内科学を教えたベルツは、二九年にわたる滞日生活の中で多くの学術論文を書く傍ら、詳しい日記を残した。日本人の間でも広く読まれた『ベルツの日記』は、ベルツ夫人の編になるものであるが、明治時代の日本が外国人の目によって的確に捉えられている。

外国人による日本研究

欧米列強の世界制覇の動きの中で、極東の国日本をヨーロッパに紹介しようとしたのは、日本に滞在した幕末明治の外交官たちであったが、開国以後、数多くの外国人が来日すると、日本に対する関心も多様なものになっていった。はじめ、日本に対する興味は、めずらしい日本の風俗習慣に集まり、日本人の衣食住、さまざまな職業と職人の生活、町のたたずまい、美しい風景などが描かれ、写真に撮られて、海外の新聞に掲載されるなどした。

日本の中に、西洋の文化にはないものを発見しようとした人々が、積極的に紹介したのは美術の分野であった。西洋に運ばれた浮世絵が、一九世紀末のヨーロッパの絵画に大きな影響を与えたことは広く知られているが、江戸時代の職人が丹精込めて作った日常生活を飾る小さな装飾品なども、外国人の興味の対象になった。

やがて日本研究は、文学の分野でも進められるようになり、文学の研究を通じて日本文化を理解する人々が現れた。そして、世界が狭くなり、経済的な面での接触が深まる中で、非欧米諸国において、日本だけが近代化を進め、それに成功したことが注目を浴びるようになり、幕末明治の日本の研究が活発になった。その成果は、近代化をめざすアジアの国々の関心を引き、さらに、近代化を可能にした条件は何であったかに関心が集まることとなり、江戸時代の社会の特質を明らかにし、江戸時代の日本文化を理解しようとする動きへと発展した。ここで、日本文化を研究した外国人を挙げておくことにしよう。

121 欧米人による日本研究

特異な風俗習慣
絵画，彫刻
文　学
近代化の過程
近代化の前提

明治時代に、日本の古典を研究した人に、アストン（一八四一―一九一一）がいる。イギリス公使館の通訳として来日したアストンは、日本の歴史と文学に関心を抱き、『日本書紀』を英訳し、『神道』という書物を著して、日本文化の基層を明らかにしようとした。また、イギリスの外交官として来日し、四〇年近く日本で生活したサンソム（一八八三―一九六五）は、日本美術史に関する著書をまとめ、世界に日本の文化を紹介した。

二〇世紀半ばになると、日本研究はめざましい成果を上げるようになったが、アメリカの女性文化人類学者として知られていたベネディクト（一八八七―一九四八）は、太平洋戦争中のアメリカ政府の要請で、日本研究に着手して『菊と刀』を著した。菊の花の美を愛すると同時に、刀を象徴とする武士の精神を重んずる日本人は、義理と恩と恥を行動の規範としているという主張は、戦後の日本人の日本観に大きな衝撃を与えた。歴史学の分野の日本研究は、極めて高度な学問的な成果を生み、広い視野に立脚した議論は、日本人の自国認識に大きな影響を与えたが、カナダの外交官で歴史学者でもあったノーマン（一九〇九—五七）の『日本における近代国家の成立』は、その先駆的な業績である。また、イギリスの社会学者ドーア（一九二五—）の『江戸時代の教育』、アメリカの社会学者ベラー（一九二七—二〇一三）の『徳川時代の宗教』などは、日本の近代化の前提としての近世社会の特質を解明した書として広く読まれており、キーン（一九二二—）の幅広い日本文学研究も高く評価されている。

世界の中の日本文化

近代化の道を進み始めて以来、日本人はひたすら欧米の文化の摂取に努めてきた。近代化を急ぐ中で日本の伝統的な文化は顧みられなくなり、経済成長により都市化が進むにつれて、農村に残っていた民族的な芸能や行事も支える人々を失っていった。日本人が日本文化について考えることも少なくなる中で、情報通信技術が急速な進歩を遂げ、若者を中心にした文化は国や民族の壁を越えて共通のものになりつつある。

日本人は、欧米の文化を目標として、欧米と肩を並べることができるよう努力してきた。常に欧米の文化を基準として、日本の文化を測ってきたのである。しかし、二〇世紀末近くなるころから、欧米以外の国々、アジア、アフリカ、ラテン・アメリカの国々の力が向上し始め、国際的な場での発言も多くなってきた。

明治以来、日本人は外国といえばまず欧米の国々を思い浮かべ、外遊、洋行といえば、欧米の国々に行くことであり、世界とは欧米のことと考えていた。だが、欧米を普遍的な価値を実現した国々と考え、日本を特殊な国であるとし、日本の文化や思想は日本人にしかわからないという考え方から脱して、日本の文化も、人類が生み出した多様な文化を構成するさまざまなものの一つであるという点について、考えなければならない。

自分の国の文化が、どのような特質を持っているかということは、外国の文化と比較する中で見えてくることであろう。外国の文化との違いを知り、その理解に努める中で、日本の文化についても考えることができるようになるわけであるが、そのためには、外国の文化の理解が不可欠であることはいうまでもない。明治以来の日本人は、欧米との比較にこだわりすぎていたのではないであろうか。

Ⅱ　文化史の時代区分

1　時代精神と文化史

文化史が、その対象として取り上げるものは、政治史が政治的事件、政治制度の生成を対象にし、経済史が生産と流通の諸過程を明らかにしようとするのに比して、歴史的な事象としての輪郭を明確にすることのできないものが多く、その生成展開を歴史として捉えることが難しいものばかりのように思われる。

文化史上の記念物や代表的な作品の成立事情、作者の伝記などについては実証的な研究を重ねていくことができるが、その中に込められている思想や観念が問題にされる時には、論証の困難な場合が少なくない。文化史についての論議に加わろうとする人は、特定の事象を取り上げてその歴史的な意義を論じようとするが、その事象については主観的な価値判断が入ることは不可避に近く、文化史的な事象の間の因果関係、影響関係も、政治史や経済史のように、客観的に取り扱える場合は少ない。

われわれが「文化」ということばを用いて考えているものは、技術と制度と観念との複合によって成立したものということができるが、長い歴史の中でさまざまな複合の結果生まれてくるものは、それが生まれた時代と複雑なつながりを持っており、時代の動きの中で絶えず変化し変容していく。そういう文化の歴史を辿ろうとすれば、一般の歴史から切り離して考えることはできず、まずは一般の歴史の時代区分にしたがって、文化の変化の経過を辿っていこうということになるであろう。

大きな書店に行って日本史関係の書棚の前に立つと、時代別の棚のほかに文化史という棚があるのが普通で、その棚には、絵画彫刻・建築庭園・詩歌管弦・芸能芸道など多様な本が並べられ、それらの総体を考える日本文化史や日本的な「美」に関する本が集められている。日本文化史の通史や概説を手にとって開いてみると、多くの本は、平安貴族の文化、近世町人の文化というように、日本史の一般的な時代区分にしたがって、各時代に生まれた文化財・文化遺産を列挙し、絵画・建築・文学というような分野別に解説していくという形をとっているのがわかるであろう。

文化史と題した本であるから、日常生活の中から生まれた文化、政治権力の周辺に成立した文化、見えない世界を中心にした文化、外国から流入した文化、また、農村の文化、山村漁村の文化、都市の文化、文化の伝播と流通などなど、何か文化史そのものに即した叙述の構成があってもよいと思うが、文化史の広範な対象を網羅的に取り上げるのが概説や教科書のつとめだと考えると、特異な視点ではそれに対応しきれない。よって古代・中世、奈良・平安というような一般史の時代区分にしたがって文化史の事象を取り上げ、紙面の許す限り解説を述べていくのが最も無難だということになるらしい。

文化史が、対象として取り扱うものの範囲は論者によってまちまちで、明確に決めることのできないものであるから、その全体を把握することは極めて困難だといわねばならない。文化というものを、思想や芸術の高度な所産を中心にして考えれば、長い歴史の中で一定の評価を受けてきたものを対象とすることになるが、広く人間が生み出したものを視野に入れようとすれば、文化は「社会」ということばで考えられるものと、ほぼ同じものになってしまう。

一般史の時代区分と別に、文化史独自の時代区分を立てることは、なかなか困難なことだという理由はそこにあり、著者や編集者があえてそうしたことを試みたとしても、それは一般読者向きの文化史の通史・概説から外れていると考えられるに違いない。通史・概説では、対象として芸術的価値が高いとされているものには目を配り、国指定の史跡などにも言及するよう配慮されていて、読者の間でも文化史というものは、文化財・文化遺産の見学と鑑賞のために役立つことが期待されていて、日本文化史そのものの問題が問われることは稀にしかないといってよい。

教科書的な日本文化史の多くは、古代・中世・近世・近代という、一般的な歴史の時代区分の大枠にしたがって文化の推移を説明しており、古代文化・中世文化・近世文化などということばを用いているが、古代文化・中世文化などのことばが頻繁に現れるほどには、古代文化・中世文化そのものがどういう文化なのかの説明が、確かな内容を持っていることは稀で、時代区分に関していえば、作品年表を一般史の区分で区切っただけで、説明が済んだと思われているのではないかと思う。

ある本では、記紀万葉の世界に古代文化の達成を見ることができると論じ、別な本では、東大寺の大仏開眼供養に古代文化の特質が集約されていると述べられる。古代文化の中では、古代の後期に生まれた物語文学や浄土教の美術も重要な項目であるが、前期と後期の文化の中で、何が持続していて何が変化し断絶したのかというような問いが、古代の文化史の主要な問題にされることは少ない。何をもって古代文化を代表するものと見るかは人によってまちまちであり、古代文化はまだ多くの人々を納得させるような説明を持っていない。

中世でも、鎌倉時代の新仏教の祖師たちの教えに、古代を超えた中世の思想の深さを読み取ることができるとする人々が少なくないが、鎌倉時代の仏教の動向は複雑を極めており、何をもって中世的な教えとするかについては見解が対立したままである。他方、盲目の琵琶法師が文字の読めない人々を相手に語った『平家物語』に、中世文化の特質を見るべきだとする議論もある。語り物としての『平家物語』の成立には、書物の成立だけでなく、さまざまな芸能を受け継ぐ長い前史があり、『平家物語』の達成が中世の文化の成立であるとすれば、中世の始まりは平安時代の中期と見ることもでき、鎌倉時代の後期と論ずることもできるわけで、文化史の時代区分の難しさを知ることになるであろう。

文化史の対象の中で、記述の対象として価値ありとされるものは、長い歴史の中で選ばれてきたものであるが、対象の選択に客観的な基準があるわけではなく、何かの手続きを経て選ばれるわけでもない。歴史の中で選ばれてきたものの中から代表的なものを挙げようとすれば、論者の主観的な判断によることになり、それが一つの時代の文化の中で、どのような位置にあるのかの吟味とその説明は充分になされていないままである。

古代・中世・近世というような大まかな区分では、文化史の複雑で細やかな過程を具体的に説明するのが困難であると考える多くの論者は、奈良・平安・鎌倉・室町・安土桃山・江戸というような時代に分けることが多い。この時代区分は、権力の中枢がどこにあったかという政治史の時代区分であることはいうまでもなく、文化の歴史を、奈良・平安・鎌倉というように政治史に同調させて考えることになると、当然のことながら、政治史の推移が文化史の背後にあり、原因になっているという説明につながってしまう。

文化史の時代区分が、政治史の時代区分の枠の中で考えられているのは、一般の歴史から相対的に独立した文化史を捉えようとする考えが希薄であることを示しているといえようか。下部構造の変化発展が歴史の土台であり、その反映として上部構造の歴史が捉えられ、上部構造の中では政治や制度が一次的な位置にあり、文化的な諸事象はそのもう一つ上の、二次的な反映として成り立っているという見方が一般なのであろう。

ところで、英雄豪傑が活躍する政治史ではなく、ある時代に生きていた人々の生活史を基礎にした文明史・文化史こそが、あるべき歴史なのだという主張が現れたのは、今から一世紀余り前のことであった。啓蒙史学の流れを汲む文明史・文化史は、明治時代の新しい読者に受け入れられたが、明治時代の国家が明確な姿を現すようになると、歴史というものは国民国家の形成過程を記述するものだという考えが主流になって、啓蒙史学的な文明史・文化史は、主流から外れることになった。

国民国家の基底には、民族精神というものが一貫して流れていると考える人々が多くなると、国民国家の歴史を貫く民族精神がいかなるものであるかを明らかにすることが、歴史記述と歴史教育の目標になり、それを担うものとして、部門史としての文化史に期待がかけられるようになった。民族精神は時代を超えて、その民族の全体性を支えるものとされたが、その実体は極めて観念的・抽象的なものでしかなく、歴史の中では一つ一つの時代を作っている時代精神として現れるものだと考えられることが多かった。

時代精神ということばは、一つの時代の文化の傾向を支配した圧倒的な特徴をいうことばであり、時代精神を読み取り、言い当てるのが文化史の役割であると論じられ、文化史に強い関心を持ち、憧れを抱く人々が増えていった。時代精神を積み重ねて諸時代の精神といえば、時代を超えて何世代にもわたって持続する精神の総体を意味したが、それはいうまでもなく国民国家の歴史を貫く精神、国民精神であり、民族精神につながるものと考えられたわけである。

しかし、民族精神というものを具体的に説明することは困難なことだったので、その議論は抽象的・観念的なものに止まらざるをえなかった。時代ごとに区切って、一つ一つの時代の文化の特性を捉え、その中に現れる傾向を明らかにしようとする文化史は、歴史を一貫しているという民族精神・日本精神の論に比して、一つの時代の文化的所産を手がかりに具体的な論議を重ねることができたが、文化を捉える方法の検討が十分に進まないところでは、民族精神を宣揚することに傾斜していくことになった。

大唐帝国の国際的な精神につながる天平の時代精神、優雅な美を極めた平安時代から脱して、その前の時代への復古をめざした鎌倉時代の時代精神などを明らかにすることが文化史の目標になり、幽玄の美を文化の全体を覆うものに深めた室町時代の精神、キリシタンの文化を受け入れて海外に積極的に進出しようとした安土桃山時代の時代精神、ひたすら戦乱を恐れて幕府の安定を目指した江戸時代の精神、そして外国への門戸を開いて近代化への道を推し進めようとし始めた明治の時代精神などが論じられた。

しかし、時代精神というものについてよく考えてみると、文化史でしばしば取り上げられた各時代の精神と考えられているものは、その時代の政治を主導して、新しい制度を作った指導者の階層、権力者集団の精神であり、文化史を支えている精神の究明というより、政治史の語り替えであった。政治の動向を主導した階層に属する人々は、文化の形成にも主導的な役割を果たすことが多かったから、文化というものを高度な知的活動を中心に考えれば、時代精神を並列させていくことで、文化史を叙述することをあながち否定はできないが、時代が下れば諸階層にわたる多様多彩な文化の存在が見えてくるのは、いうまでもなく時代精神の論では覆えないものが目立つようになる。

日本では文化史・文明史ということばが、国家の歴史ではなく庶民の生活史を土台にした歴史を書こうとした、啓蒙史学の歴史家によって用いられ始めたことはすでに述べたが、現代ではここ二、三〇年の間に、国家史という枠から解放され、社会を構成する人々全体の生活の様相を明らかにする研究が進んだ。かつて多くの人々が捉えようとしていた時代精神から見れば、埒外で生きていた人々の生活文化の諸相を、わずかな史料、本来残るはずのなかった史料から読み取る試みが活発になり、文化史の風景はかつては考えられなかったほど、多様で豊かなものになり、歴史の一時代を哲学的に総括することに憧れた文化史は過去のものになり始めている。

2　文化の諸分野とその歴史

前節に、総合的な文化史を独自の時代区分の下に叙述することは、なかなかの難題ではないかと記したが、文化史の個別分野を対象とする部門史では、それぞれの部門に合った時代区分の試みが続けられてきた。

ここ一世紀の間、人文系の分野にはいろいろな学問が成立し、それぞれの対象と領域を持つ研究活動が続けられてきた。それは、一九世紀の西欧で論議された学問論を背景にして分化成立し、大学における人文系の学問の学科編成の枠組みになったが、まずは哲学・史学・文学の三分野に区分され、日本の大学では哲学は西洋・中国・インドというような哲学の大系統に分けられるほか、倫理学・宗教学などが立てられた。史学は日本・東洋・西洋の三分野が立てられ、文学は日本・中国・イギリス・ドイツ・フランスなどの各国別に分けられ、そのほかに言語学が置かれた。

大学の学部学科には、学科で研究される学問の概論・概説の講義があり、もう一つ学科が対象としている分野の歴史を辿りながら、哲学とはいかなる学問なのか、文学とは何かということを考える講義が行われた。哲学科の哲学概論と哲学史、英文学科の英文学概説と英文学史というような形がそれである。二〇世紀のはじめに体制を整えた学科では、学科が担う個別分野の歴史が講じられ、その歴史はそれぞれの研究分野に応じた時代区分を持つことになった。

例えば、哲学史の講義は西洋の大学で行われていたギリシャに始まり、中世を経て近代の諸哲学に及ぶ西洋哲学史の紹介であったが、哲学科に属していた美学美術史では、日本・東洋の美術、仏教美術に関心を抱いた外国人お雇い教師が西洋美術史に倣いながら、日本・東洋美術の作品に即した講義を行った。日本美術の中で最初に外国人の注意を引いたのは仏像だったので、捉えやすく説明しやすい仏像の様式の変化を手がかりにして、仏教美術史の発展を跡づけることが始まり、飛鳥・白鳳・天平・弘仁貞観・藤原・鎌倉という時代区分が早くからなされるようになった。

仏菩薩像の姿形、衣文の表現法や玉眼を入れる技法などの時代による変化を追っていくと、時代を区切る客観的な線引きをすることが容易なので、古代の仏像の様式の変化を時代区分の基準にし、室町・桃山・寛永・元禄・化政・明治というような基準の漠然とした時代区分を追加して、日本美術史の概説や教科書が叙述されることになった。

飛鳥・白鳳・天平などの時代区分が仏像の様式に基づいているのに対して、時代が下った桃山・寛永・元禄などという時代区分は、一つの時代の美の表現を総合的に捉えるものと考えられていて、時代を区分する原理は一貫していないが、美術史の対象が具体的な作品であり、作品を対象にして論議を進めることができることから、美術史の時代区分は他の部門史・文化史の時代区分に転用されることが少なくない。

古い時代には、仏像を作る仏師は大寺院に所属する特殊技術者であり、その数は少なかった。時代が下っても、仏師の工房である仏所は南都と京都に置かれていただけで、のちには鎌倉にも仏所ができて、仏像の需要の増加に応えようとしたが、そうはいっても特殊な技術を持つ仏師が数えきれないほどいたわけではなく、様式が変化し新しいものが生まれた跡を辿ることは、他の分野に比して容易だったといってよい。

ところで、最も大きな部門史として挙げられる文学史では、上古・中古・中世・近世・近代という時代区分が一般に行われている。伝統的な国文学では、和歌が宮廷の社交の文学として復興したのち、貴族社会の文学の中心として受け継がれていく一方、かな文字を駆使した物語・随筆・紀行などによって、国文学の最盛期が築き上げられた平安時代が重視されてきたので、平安時代を中古といい、鎌倉・室町時代をその残照の時代と見て近古とするのが一般であった。多彩な文学を生み出し、社会の各層に受け入れられた近世、文学が欧米文化の受容の最先端に立って、複雑な変化を辿った近代は、時代区分についてさまざまな論議が必要と思われるが、ともかくこれまでの日本文学史は伝統的な時代区分にしたがっているものが多い。

文学史の時代区分をめぐる議論は、別の視点による時代区分が提起されるのではなく、時代を画する位置に立っているのはどの作品、どの作者なのか、といった議論が盛んで、論者の文学史観を述べて、中古を女房文学の時代、中世を隠者文学、近世を町人文学の時代として、文学の担い手が女房から隠者へ、町人へと推移したことに各時代の文学の特質が現れていると論じたり、中世文学の始まる時代を遡らせて、中世文学を捉え直す論などもある。

さて、仏教が日本文化に大きな影響を与え、発展を促したことはいうまでもなく、当然、日本文化史の中に日本仏教史という部門が立てられることになるが、日本の仏教が政治の動向と密接な関係を持ち続けたために、仏教史は、政治史の時代区分の下で考えるのが一般であった。奈良仏教・平安仏教・鎌倉仏教といういい方が、仏教が政治体制と密接な関係を持って推移したという見方を前提にしているのはいうまでもない。

仏教史は、古代・中世・近世・近代と時代区分し、古代は、飛鳥・奈良・平安に分け、中世は、鎌倉・室町に分けて説明することが多いが、古代を国家仏教、貴族仏教の時代といい、中世を民衆仏教の時代とすることがあり、その延長上で近世の仏教を寺檀仏教と呼ぶこともある。この時代区分は日本仏教のあり方の変遷をよくいい当てているが、仏教伝来から奈良時代までの仏教は政治史を下敷きにして考え、平安時代になると仏教が宗教としての性格を持つようになったと主張するのは、仏教史を捉える軸を変えていくことになると思う。

また、鎌倉時代の仏教史の動向はここ一世紀の間、ヨーロッパの宗教改革と比較して、その流れを捉えようとする見方が盛んだったために、仏教が庶民の間に浸透するようになって、生活と結びついた実践的なもの、経論の学問よりも仏への信仰が重視されるようになったという見方が一般になり、その流れを平安時代に遡って平安時代の仏教もその伏線の上で理解する考え方が広まった。

古代の仏教を政治史の中で説明し、中世の仏教を宗教史的に理解するのが、日本仏教史理解の一般であるが、中世後期に入って室町時代になると、仏教が教団を形成し始めるので、教団と権力との政治的関係が仏教史の軸になって、再び政治史の上で仏教史を捉え、近世になると諸宗の寺院と幕府との関係が制度化されるようになる。日本の仏教史は、政治史の枠組みを基本として記述されているが、仏教史を宗教の歴史を中心にして捉えるという視点に、まだ一貫したものがないといわざるをえない。

以上いくつかの例を挙げて、文化の部門史の中では時代区分の論議がさまざまになされているのを見たが、よく考えてみると、部門ごとの歴史が講じられ、部門史が書かれ、時代区分の議論が進んでいる分野は多くはないことに気づくであろう。大学に設置された学科の研究対象になった部門には、当然、美術史（日本・東洋・西洋）、国文学史など、部門の歴史が開講され、工芸・芸能などはその部門の一部に入れられて、美術史・国文学などの中に位置づけられることになったが、いわば大分野の軒を借りることのできなかった分野は、その歴史を考え発展の跡を辿る便宜がどこにもなかった。

思想史はその代表ともいうべき分野で、儒学・仏教・神祇などが並列し、新儒学・国学・蘭学があり、近代になってキリスト教、欧米の諸思想が伝えられて、それらを日本の思想史の中にどう位置づけるかについては、一般に認められた方法もなく、どのような時代区分がありうるかについての論議もない。また、宗教の歴史についても同じような事情で、神祇信仰・神社神道と、諸宗に分かれた仏教、さらに陰陽道をはじめとする中国の諸信仰がどのような関係を生み出し、また棲み分けて日本人の宗教生活を支えているのかを考えるための基礎的な整理も試みられていないのが現状なのである。

それはともかく、独自に時代区分が考えられている部門と、時代区分の目途さえ立たない部門と、さまざまな部門史を総合して文化史全体の時代区分を考えることができれば、日本文化史の素描を試みることができ、全体像が見えてくると考えられるが、それはまだまだ先の先の今後の課題だといわざるをえない。

3 部門史を総合する試み

一般に、文化史の視野に収めるべき諸々の分野として、われわれは思想・学問・文学・絵画・彫刻・建築・工芸・芸能・宗教などなどを数え上げ、それら諸分野の歴史を可能な限り宥和統合していけば、文化史の叙述が可能になるように考えていることが多い。政治史のように一つの事件、法律制度の成立で時代が区分されるのではなく、文化史の区分は新しいものの萌芽が見え隠れするころから衰退していくところまで、新旧の時代が重なり合っていて、しかもその期間が長いので、諸分野の区分を調整していく余地があるように思われることが多い。しかし部門史をいくつも並べて、必ずしも足並みの揃わないものを一つにまとめていくのは、なかなか容易なことではない。

そうした思想・学問・文学などなど諸分野の並べ方は、すでにふれたように一九世紀の西欧の学問論をもとにして考えられたもので、大学の学科はそれに準じて編成され、そこを出発点にして学問の細分化が進んできた。そのため、文化史の対象の区分もそれにしたがうことが多いということになるが、平安時代や鎌倉時代に生きていた人々が、思想と学問と文学を明確に分けていたわけではなく、思想と宗教の間に線を引いてみることのなかった人々が、ある典籍を、思想を論じた文献、信仰を記述した文章と明確に分けていたわけではなかった。また、彫刻と絵画とを美術の異なる分野であると考えて、本尊として祀られている仏菩薩の像が彫刻であるか画像であるかによって、別の分野で考察されるべきものと考えられていたわけでもなかった。

それにもかかわらず、対象とする書籍を、古典の主張を解釈し位置づけている思想史の文献、古典の諸註釈を参照して適切な解釈を下そうとしている学問的な書物、作者の心情を吐露した文学の作品であると決めてしまい、考察の対象に入れたり外したりするのでは、文化史の全体を捉えることはできないであろう。しかし、そうはいっても文化の全体を対象にして論議するのも難しく、通時代的な文化の捉え方ばかりでは議論は進まないので、近代的な区分であることは承知の上で諸分野における問題を立て、時代による対象の推移を明確にするために時代区分を試みることになる。

そこで、一般的な文化史における諸分野の取り上げ方を見ていくと、政治史を基本にした大枠の時代区分の上で、時代ごとに思想・学問の特質を述べ、文学についてはその時代に主役になったジャンルを取り上げ、説話や歌謡に及ぶという順序で作品を列挙し、美術の分野では絵画・彫刻、さらに建築について記し、工芸の分野の傾向に及び、歌と舞踊の動向を述べるという順序が、判を押したように整然と守られている。

しかし、そうした記述を読み進んでいくと、諸分野が轡を並べて粛々と進んでいるわけではないことに気づくであろう。美術史の中では、絵画史はどの時代にも新しい技法と様式を生み出していて、日本文化史の柱をなしている観があるが、彫刻の場合はどの時代も創造的であったとはいえまい。白鳳から天平の時代は仏像彫刻が最も創造的であった時代で、大陸との緊張関係を背景にしてすぐれた作品が生まれたのに、時代が下ると力の充実した彫刻の作品は少なくなり、様式の固定化が表現を萎縮させてしまったように見える。

さらに、平安時代の中期になると表現は優美なものになるが、正面の姿が重んじられるようになって全体は平面的になり、彫刻の持つ立体性は失われてしまう。鎌倉時代の初頭に、天平時代の仏像と宋代の彫刻に学んで、写実的で力強い作品が生まれたが、その後、日本の美術史上見るべきものはなく、二〇世紀に入って、西洋の影響の下に新しい彫刻が生まれることになる。とすれば、美術史の中で絵画と彫刻が担った役割を一様に考えるわけにはいかないのではないだろうか。

文学史についても、和歌・連歌・俳諧といった分野と、散文の物語・紀行・随筆・軍記・近世小説などの分野とが、複雑な絡まりを見せながら文学の歴史を織り出しているが、文学の創造性が発揮される時代と、政治・経済の分野が活気に満ちていた時代とが重なっているとは限らず、文化史の諸部門の間には、活気づいていたり、沈滞していたりする動向に、跛行性が見られることが少なくない。

安土桃山時代は、有力な大名たちが統一をめざして覇権を争い、先進的な大名は外来の新しい技術・技法を積極的に受け入れて、豪壮な建築やその内部を飾る絵画がつぎつぎに生まれた。庶民の間で新しく生まれた芸能や風俗も、大名や大商人を巻き込んで発展していった。ところが、江戸時代のはじめに社会秩序の安定が求められるようになると、秩序の外に逸脱していく人々が生まれる一方、古典的な宮廷文化の伝統が、豊かな上層町人や新興武士の間に広がっていくようになった。

権力を誇示する建築、豪華な障壁画が文化の第一線に並んでいた桃山時代とは違って、落ちついた雅びの世界を現出させようとする流れが現れ、寛永文化の美的な世界が現出した。豪華絢爛を競う造形文化から、古典文化への憧憬を表すさまざまな意匠を創造することが文化の流れの先端に立つようになった。

文化の動きを主導していく部門は、大規模な造形から限定的な美の空間を作り出すことに代わったが、つぎの元禄時代になると、富を蓄積した町人が活動の場を拡大して文化の享受者としても頭角を現し、さまざまな人間像を描き出すことを求めるようになった。社会と人間のあり方を考えようとする文学が、この時代の文化を主導していくことになったのである。元禄時代は中世的な人間を解放し文化の世界を拡大した時代であったが、その動きを主導したのは文学で、この時代に近世文学が頂点に達した。

ところが、その元禄時代が終わると文化史の風景は一変し、人間のさまざまなあり方を描き出して人々の関心を引いた文学の時代は終わり、多様な人間の背後にどのような世界があり、それを統一的に理解するにはいかなる方法があるかを問う、思想家が活躍する時代が始まった。実際に、享保の時代に入ると、すぐれた思想家がつぎつぎに輩出して、日本の思想史の中で瞠目すべき時代が現出し、文学は元禄時代の遺産を受け継ぐだけの時代になった。

この間の文化史の流れを考えてみると、風俗芸能が新しい時代の成立を告げ、建造物とその装飾のための障壁画が、それまで見ることのできなかった世界を現出させ、一度古典の世界に回帰しながら新しい意匠を創造する工芸の発達を促し、ついで新しい人間の生き方を描き出す文学が生まれ、文学が大きな役割を果たしたのち、思想家が活躍する時代になったといえそうで、文化史の舞台で主導的な役割を果たした分野が、風俗芸能・造形芸術・意匠工芸・文学・思想と交替しているのを見ることができる。

ここで例に取り上げた、近世初頭の文化史は、主役の交替の跡が明確に捉えられる例であるが、文化史における、いわば主導的なジャンルの交替はどの時代にもあり、文化史の中で主旋律を担当する分野が交替していき、文化史の諸分野がいつの時代にも、轡を並べて推移し変化を遂げているわけではないこともわかるであろう。

古代の日本人は、先進的な中国の文物を取り入れることに力を尽くし、統一国家を築き上げ、中国に倣った文化を生み出していった。中国と日本の文化は異質で、両文化の間の落差は大きかったから、当初、日本の指導層は日本の土着の文化を、埒外のものとして無視しようとした。中国文化を受け入れ理解していくためには、ことばを学習し、文字を学び、思想を理解することが必須であり、渡来人の助けの下で努力が積み重ねられていった。

日本文化史の叙述は、先土器・縄文の時代から始めるのが正当な書き方だと思うが、もう一つの書き方を採り、高度な文化の成立から始めるとすれば、日本文化史は文字の使用と文字に関わることばの学習から始まることになる。

高度な文化を生み出した大陸の周縁に位置する日本では、新しい文化が生まれる原動力になったのは、大陸から伝えられた新しい技術と、その背景にある諸観念の伝来であった。そして、その第一に挙げられるのは文字の使用であり、表意文字の中に込められている文字の機能を理解することであった。文字の使用には多くの時間が必要であり、さまざまな技術を自分のものにするには、かなりの期間を必要としたが、それを駆使することができるようになると、文化は一段高い所に登ったことになる。

大陸から輸入された文化は、規範的なものとして受容されたので、日本人の間に浸透するようになって時が経つと、建前として人々の考えを拘束するようになった。やがてあるべき建前と、あるがままの本音という二つの価値が考えられるようになると、あるべき建前を支える外来文化の相対化が始まって、あるがままの文化の価値が認識されるようになった。

古代の前期の文化は、中国の古典を学ぶことから始まり、新しい法律制度を作っていくことに力が注がれたので、文化史の諸分野の中で学問が中心になり、あるべき社会の規範が論じられた。しかし、中国の思想や法律の学問の理解が一定の水準に達すると、人々の目は土着の日本的な文化にも向けられるようになり、埒外のものとして関心の外に置かれていたものを、統治のためには逸することのできない必要なものと考えるようになった。また、建前として重んじられる中国の文化が外来の文化である限り、日本の土壌を完全に覆い尽くすことができないものであることが意識されるようになると、あるがままの土着文化の再認識・再発見が始まった。

この動きを担ったのは、和歌と物語などのかな文字による文学で、奈良時代には漢詩文に拠ってい た宮廷の社交が、平安時代の中期近くになって復興された和歌に拠るようになり、漢詩文を文学と呼ぶのに対して、やまとうたを和歌と称するようになった。和歌は四季の移り変わりを捉え、恋や旅の中の想いを歌い、この時代に生み出されたかな文字は、やまとことばの表記を容易にしたので、世の中の建前を論ずる詩文とは違う、人間のあるがままの姿を描き出すことを可能にした。かな文字による文学は、外来の文化の相対化を推進することになったのである。

和歌と和文の文学は、多様な人間とその内面を捉えたが、さらにその動向を推し進めたのは絵巻物などに残る風俗画と、都に持ち込まれた地方の芸能であった。絵巻物や芸能の中には、文学が捉えることのできなかった庶民の生活が活き活きと描き出され、平安時代後期の文化の多様化を推し進め、古い価値観を崩して混沌の世界を現出させた。

かつて高い権威を誇っていた外来の文化は、日本の文学によって相対化され、風俗画や芸能によって価値観を動揺させたが、その混沌の中で現世の意味を考え直し、人間の生き方を模索することが始まった。平安時代の末から鎌倉時代の前期にかけて、その問題に回答を与えようとしたのが鎌倉仏教の祖師たちであった。文化史の流れは、文学から風俗画へ、芸能へと転回して、思想の時代に入ったと見ることができるのである。

このように文化史の推移を辿ると、学問・思想から、文学へ、芸能へ、思想へ、学問へという循環を見出すことができ、その循環の流れが、宋代の文化の伝来のように、新しい外来文化によって変化することがあって、文化史の流れを複雑なものにすると見ることができるように思われる。

文化史の時代区分を、単に一般史の時代区分と重ねて考えるのではなく、文化史にはそれを構成するいくつもの分野があり、その諸分野が主役を交替しながら文化史を作っていること、新しい政治制度が作られる時代には、思想や学問が、その中で生み出された制度や秩序を壊す役割を果たすのは文学や芸能であることなどを、一般史の時代区分と文化史の時代区分の間に入れて考えれば、文化史に即した時代区分に近づくことができるのではないかと思われるのである。

4　文化史の課題について

以上、日本文化史には、どのような時代区分がありうるのか。時代区分をするにはどのような観点があるのかについての問題点を覚え書的に述べたが、時代区分そのものにこだわりすぎたようでもあるので、少し違った観点から時代区分のことを考えて、この覚え書を終わりにしたい。

はじめに、文化は技術と制度と観念とが結合したものだと記したが、日本文化史の中で重要な問題の一つは、日本人が漢字という文字を使い始めたことであった。漢字は中国で長い時代を経て成立した文字で、極めて複雑な成り立ちを背負っていた。中国と日本では言語の構造がまったく違っていたから、表意文字である漢字を日本人が使用するのは容易なことではなかった。

渡来人の間で使われていた文字を見て、漢字を記号・符牒として使うようになった日本人は、日本の地名や人名を表記するようになり、それほど長い時間を経ないで、『古事記』や『万葉集』をまとめるに至った。六世紀から八世紀にかけての時代に、中国文化の受容のために費やされた日本人の努力は驚くべきもので、中国語による文字化を試みるのではなく、外来の文字を使って自民族の間に伝えられていた神話を表記し、歌を文字の世界に引き入れたのは、世界に例のないことであった。

その上、一〇世紀になると、独自の簡単な表音文字であるかな文字が作られ、それが短期間に普及したために、文字文化は貴族社会に広まり、日本文学は高度の発達を遂げた。しかし、かな文字といえども、それが文字であるからには、貴族社会の外で広く通用したわけではなく、地方で活動する武士も、漢字はいうまでもなく、かなも読めないのが普通であった。

しかし、日本文化史を考える人々は、平安時代の文化史上の奇跡ともいうべきかな文学の輝かしい発展に目を奪われ、また各時代の文化の高峰を飛び飛びにつないでいくのが文化なのだという考えに馴らされている人々は、文字文化の世界だけで文化史を考え、文字文化の外に広がる広汎な無文字文化の世界があり、そこにも豊かな文化の世界があったことを忘れているようにしか思えない。

漢字とかな文字が複雑な使われ方をして、豊かな文字文化が成立したのち、無文字文化は徐々にその世界を狭められていったが、文字によって記録され洗練された表現を持つようになった伝承・口承が、無文字の世界に回帰してくるようになって豊かなものになった。文字文化が高度の達成を見せ始めるのは八世紀以降のことであるが、日本文化史はその後何世紀にもわたって伝承・口承文化に支えられており、文字文化と無文字文化との対立拮抗の中で、『平家物語』や能狂言のような芸能も成熟していった。

文字文化がどのような達成を見せ、どこまで広まっていったのか、豊かな世界を持っていた無文字の世界が、どのような道程を経て、その範囲を狭められていったのかといった視点で文化史の時代区分をすることができれば、政治史に従属しない文化史の時代区分ができるのではないかと思う。

Ⅲ　史料としての文学作品

1　歴史研究と文学作品

史料として文学作品を考える課題は、極めて広範な問題につながっており、その多岐にわたることがらについて過不足のない論述をするのは容易なことではない。そもそも史料というものは、先験的にあるわけではなく、何かを考え、明らかにするために史料として取り上げられるものであるとすれば、ここで「史料としての」という時、何の史料としての「文学作品」を考えればよいのであろうか。また、ここで文学作品というのは、どのような範囲のものを想定してのことであろうか。そうした方向づけのさだかでないところで、際限なく広がっていく問題を収拾し、論ずることは、極めて困難なことといわねばなるまい。ここでは、「文学作品」が「史料として」歴史研究に関わるというのはどういうことなのかを考えて、課題の一端に近づくことにしたい。

中国では、歴史というものが考えられその編述が始まって以来、歴史の主題は権力の盛衰興亡の跡を辿ることにあると考えられてきた。中国の歴史に多くのことを学んできた日本人は、一世紀余り前から西欧の歴史学を受け入れて歴史の研究を始めたが、その中心もまた政治の動きを追跡し政治制度の生成と変遷の過程を究明することに置かれ、研究者はそのために必要な史料を蒐集し、史料に吟味・批判を加えて、史実を明らかにしようとしてきた。当然、そうした歴史研究の中では政治に関わる史料が重視され、政治関連の古文書・古記録を基本史料とする史料論が成立した。

差し出し方から宛て先へ具体的な目的を負って受け渡しされた文書は、複数の当事者の利害関係の中で書かれたものであるため、その中に事実無根のことが書かれることは少なく、また政治に直接の関わりを持つ人物が時を隔てずに記した日記は政治の動向を知るための有力な史料である、というような史料論の初歩をここで記すつもりはないが、そうしたいわば歴史学公認の史料に対して、「文学作品」は史料として二次的・三次的な価値しか持たないものと考えられてきた。

一般に文学作品とは、抒情的な和歌、空想や願望に彩られた物語、興趣まかせの草紙、聞き書き・抜き書きを集めた説話、舞台の台本等々のことと考えられているが、そういう文学作品が実際の政治と関わっていることは稀であり、たとえ政治的事件にふれているとしても、歴史の研究者たちがそれを根拠にして史実を考証できる体のものと考えるはずはなかった。当然、文学作品は歴史研究の基本的な史料から外され、基本史料が欠失している場合には、慎重に考慮した上で参考史料に加えるというのが、一般的な考え方だったのである。

ところで、史学が哲学や文学などとともに近代的な学問として成立し、諸学問との交渉が始まると、いろいろな部門の歴史が考えられるようになった。文化史や思想史はそうした部門史の一つであったが、そこでは文学作品が文化や思想の動向を確かめるための主要な史料であると考えられた。多くの文化史・思想史の研究者が、一つの時代の文化の特質はその時代の文学作品の中に集約されており、ある時代に書かれた文学作品にはその時代に生きた人々の思想が投影されている、という考えを、立論の前提としたのである。さらに、文化史の一部として文学史を考えるとすれば、文学作品が文学史の基本史料であることはいうまでもない。

文化史や思想史の史料として文学作品をどのように読むべきか、また文学史の史料として個々の作品をどう考えるかはたいへん重要な問題なのであるが、ここでそれを論ずるわけにはいかない。当面の課題は、全体史・一般史などのことばで論じられたり「通史」と呼ばれたりしている歴史の史料として、文学作品がどのような意味を持つのかを考えることであろう。ここで、ここ一世紀の間、日本人が歴史と文学作品との関係についてどのようなことを考えてきたかについて回顧を試みてから、先に進むことにしたい。

中国では、天意は歴史の中に顕れるものと考えられていたので、歴代の王朝は前王朝の歴史を辿る中で自己の立場を正当化するのが伝統になっていた。成立から滅亡までを完結したものとして編述した各王朝の歴史に対して、何代にもわたる王朝の盛衰興亡を貫通して記述する歴史を、通史と称した。そして通史を書くために、道徳的な観点を中心にしたり、学芸の発展を重視するなどさまざまな試みが重ねられたが、広く読者に迎えられたのは、権力をめぐる対立抗争の物語を中心にして政治の推移を記述した歴史であった。

日本人は、統一国家の形成をめざすようになった時に、公的な立場に立って歴史を考えることを始めたが、中国から歴史の思想と編纂技術を学んで編年体の国史を編纂し、それを簡略にした年代記を作った。貴族官人たちは中国の正史に比すべき日本の国史を作りはしたが、多くの日本人がそれを朗々と読み上げ暗唱するような形で受け伝えたわけではなかった。国史は政務を執る上で重視されたが、日本人の間で広く語り伝えられ、知られていた歴史は、神話や歌謡、祭りに結びついた伝承、物語などの形をとっていた。平安時代の半ばを過ぎると歴史に関心を抱く人々は、物語文学の手法によって叙述された歴史を読んで、貴族社会を成り立たせてきた政治の動きを垣間見たり、物語文学から脱化した手法による軍記物語によって、貴族社会の周縁で繰り広げられた政治的な事件、つまり合戦の原因と結果を知ろうとした。また、歴史の裏話やこぼれ話を集めた説話集を読んで、歴史の多義性を考えるようにもなったのである。

物語文学の方法を受け継いで書かれた歴史は、「鏡物（かがみもの）」と呼ばれる史書の系譜を形成し、各地で起こった合戦の顚末を記した「軍記物」は近世のはじめまでつぎつぎに書かれ、数多くの「説話集」は書写の間に増補と改変を重ねて、読者の関心を取り込んでいった。鏡物・軍記物・説話集をはじめとするさまざまな書が、歴史を伝える書として読み継がれ、日本人の歴史知識の基層を作ってきたといってよい。

近代に入って歴史学が成立すると、学問的な方法による史実の究明のために史料の調査・蒐集が開始され、史料の操作も厳密なものになったが、その過程で日本人が何世紀にもわたって鏡物・軍記

122　『大鏡』（個人蔵）

123　『古今著聞集』
（宮内庁書陵部蔵）

物・説話集などによって組み立ててきた歴史は、実証的な根拠のない巷談俗説として片端から否定されていくことになった。近代的な歴史学は、古文書・古記録を価値の高い史料として取り上げ、その調査・分類方法を体系化し、読解のための知識を蓄積し、そうした中で学問としての形を整えていったが、その間にかつては史籍として読まれていた鏡物・軍記物・説話集などが、歴史の史料としては二次的・三次的な価値しか持たないものとして、おとしめられていった。そして『大鏡』『平家物語』『古今著聞集』などは、正統的な史料から外された代わりに、国文学研究の対象として引き取られることになり、『古今集』や『源氏物語』のような主流の作品ではないにしても、文学作品なのだと考えられるようになった。

　歴史の研究者が、古文書や古記録に拠って明らかにした史実を突きつけることにより、史籍に見える歴史の物語を否定し巷談俗説を矯正しようとしたのに対して、国文学の研究者は、文学作品として引き取った史籍の中の史実に反する記述に、文学的な意図とその表現を見出そうとした。こうして史実を重んずる歴史学と、史実から逸脱した部分を文学的な虚構と見て評価する国文学とは対立することになり、両者は一つの古典を共同で研究するという方向へは進まず、それぞれに研究対象を分け合うことになった。文学作品に編入された史籍は歴史研究の埒外に押しやられてしまい、史料として顧みられることはなくなった。

歴史学はその後、社会科学の方法を取り入れて新しい領域を開拓していったが、政治学・経済学・社会学などとの間で進められる研究の中では、権力構造や政治制度の研究にとって有効な史料が重視され、土地所有や生産関係などを把握するために数量的な処理の可能なものが価値ある史料と考えられるようになった。『日本書紀』『続日本紀(しょくにほんぎ)』の時代は別として、多くの史料が残されている時代の研究では、著述・編纂物の部類に入る典籍、特に文学作品が歴史研究の基礎史料の中に加えられるのは、稀なことになってしまったのである。

2 「文学作品」について

史籍とされていたものが文学の書に入れられたことからもわかるように、古典というものはもともと多様な読みに堪えうる内容を持っており、文学・思想・宗教というような近代的な枠で截然と分類しきれるものではない。『古今集』や『源氏物語』を文学作品と見ることに異議を唱える人はないと思うが、古典の中には文学作品とそうは考えられないものとの境界線上にあって、いずれに分類すべきか判然としないものが少なくない。『愚管抄』『神皇正統記』『折たく柴の記』というような古典は、いずれも著者の同時代史として高い評価を受けているが、史書というよりも著者の歴史思想を語った史論書というにふさわしく、また同時代の社会の論評に精彩を放っていることから、広い意味で文学作品として読むべきであるとする研究者も少なくない。

そう考えてくると、ある典籍・文書をめぐって、それを文学作品といい思想・信仰の書であるという時に、明確な基準や論拠があるわけではないことがわかってくる。漢訳仏典からの引用文で構成されている『往生要集』の「地獄」の項に文学的な表象を見たり、親鸞と生活をともにした恵信尼の消息に文学的な表現の極を見出したりする人もあり、何をもって文学作品というかはその読み方に関わっているわけである。そうだとすれば、日本人が文学作品というものをどのようなものと見てきたのか、ひと通りの詮索はしておかなければなるまい。

中国では「文学」ということばは学芸・学問を意味し、その表現としての詩文を指すものであった。そして、文学の主題は政治をめぐる問題にあると考えられていた。日本でも、貴族官人の間では文学といえば漢詩文を指し、文学と並べて和歌を挙げるのが一般であった。ところが、かな文字の普及によって、和歌・物語・かな日記・紀行などを書いたり読んだりすることが盛んになり、軍記・説話・法語などがかな交じり文で書かれるようになると、漢詩文は学問的・専門的な知的営みに関わる公的なものと考えられ、私的な心情に関わる和文の作品が人の心を表現した文学

124　『愚管抄』（宮内庁書陵部蔵）

125　『折たく柴の記』（個人蔵）

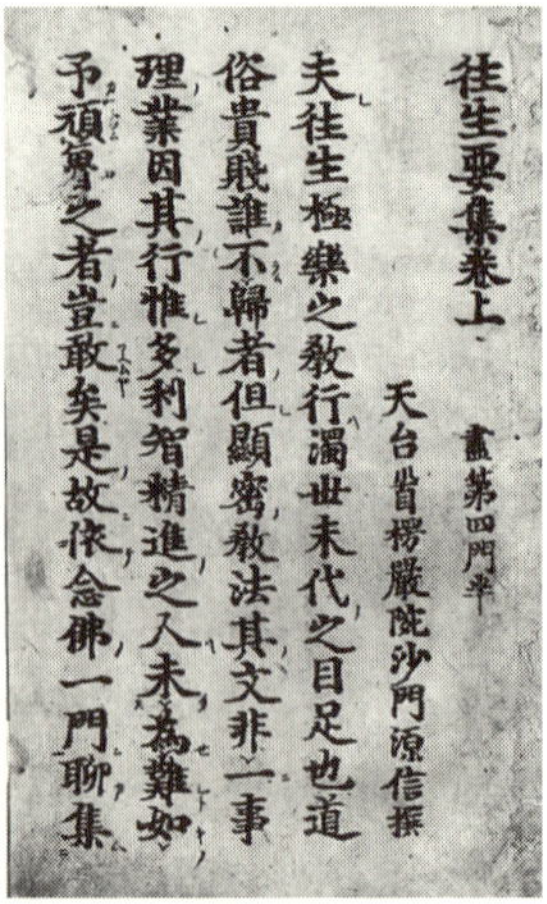

なのだと考えられるようになった。そして、漢文と和文の棲み分けが一般的になる中で、国文学の作品、つまり文学作品は公的な問題に積極的に関わることのないものだという考えが広まった。

また日本では、権力の中枢にいて政治を支えている人物が文学の作者になる例は少なかった。中国では政務に携わりながら数々の詩文を残した人物は多く、日本でも近世には文筆に名をなした政治家が何人もいるが、中世末までの日本で、文学作品の作者として知られる人物のほとんどは政治について関わりの薄い人々であり、また政治を主題とする作品も稀であった。文筆に携わる文人・知識人たちは政治の傍観者であり、世の中を対象化して捉えることはできたものの、政治の当事者ではなかったから、彼らの手になる作品は政治史の史実を明らかにするための基本史料にはなりえなかった。数ある文学作品の中には、『太平記』のように、読者に政治の大状況を看取させる上で大きな役割を果たしてきたものも少なくないが、その『太平記』も政治の中心にいた人物の作品ではなかったから、研究者はそれを史料として認めることを躊躇しつづけた。

日本人は長い間、文学の主流は私的な心情を重んじ、心のこまやかな揺れ動きを捉えることにあると考えていたので、政治を論じたり歴史を書いたりすることを文学的な営みの中心に置くことをせず、

往生要集巻上　盡第四門半
天台首楞厳院沙門源信撰
夫往生極楽之教行濁世末代之目足也道俗貴賤誰不帰者但顕密教法其文非一事理業因其行惟多利智精進之人未為難如予頑魯之者豈敢矣是故依念仏一門聊集

126　『往生要集』建長版巻上
（龍谷大学図書館蔵）

回避する傾向すら持っていた。そのため、歴史研究の史料として重要な意味を持つような文学作品は少ないといわざるをえない。

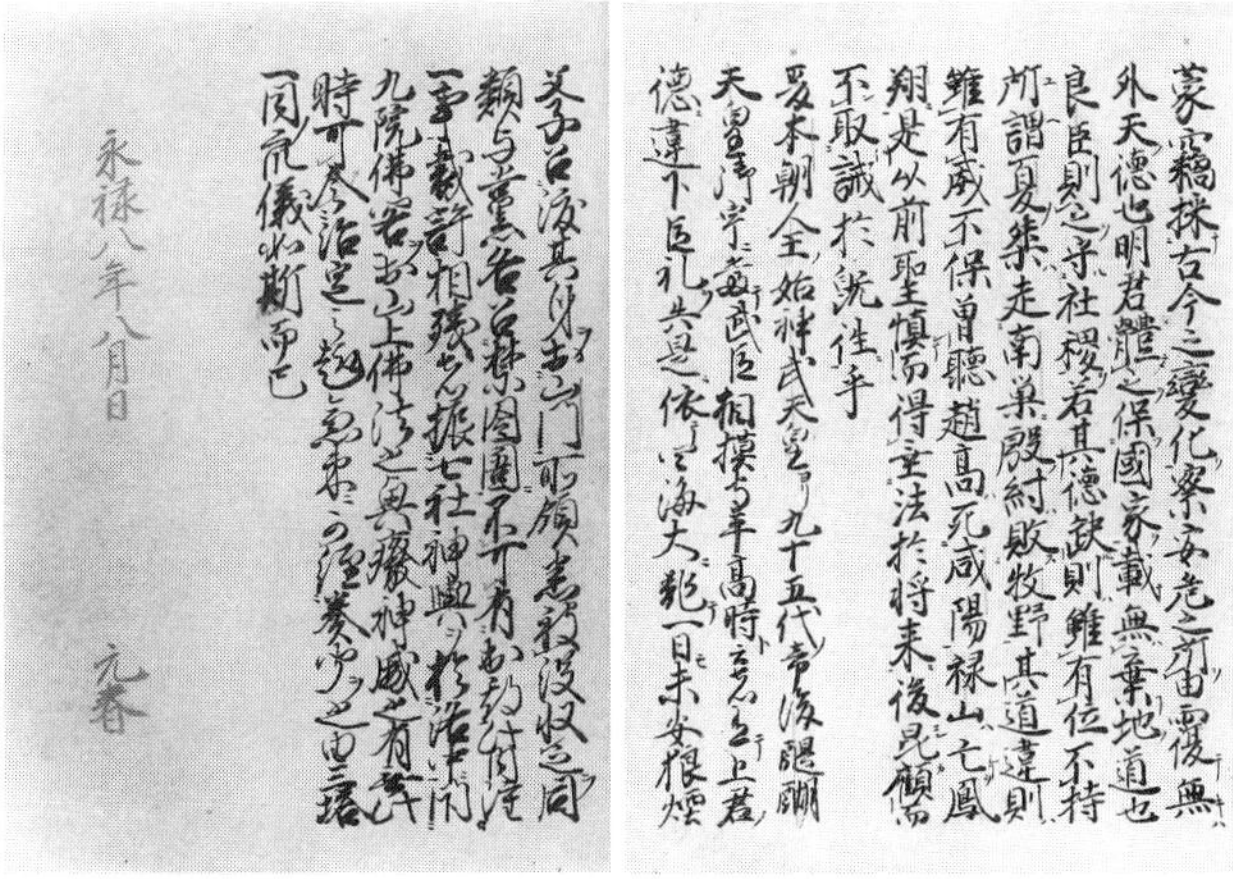
蒙竊採古今之變化察安危之所由覆而無
外天德也明君體之保國家載而無棄地道也
良臣則之守社稷若其德缺則雖有位不持
所謂夏桀走南巣殷紂敗牧野其道違則
雖有威不保曽聴趙高死咸陽禄山亡鳳
翔是以前聖慎而得垂法於将来後昆顧
而不取誡於既往乎
爰本朝人皇始神武天皇九十五代帝後醍醐
天皇御宇有武臣相模守平高時者此時上乖君
德下違臣礼従之四海大乱一日未安狼煙
…
永禄八年八月日　元春

127　『太平記』西本願寺本（個人蔵）

しかし、ここ半世紀の間に、日本の伝統的な文学観を西欧の文学観との比較の中で見直し、文学を広い視野の中で考えることが始まった。祖師の消息やかな法語はいうまでもなく、仏教諸宗の教義書、寺社の縁起や神仏の儀式書、近世の文人学者の思想的な著述などまでを文学研究の対象にしようとする動きが盛んになり、文学・文学作品というものの見方が流動化し始めた。そうした日本文学研究の動向と並行して歴史研究の中でも関心の多様化が始まり、長い間歴史研究の埒外に置かれてきたことがらに注目する研究者が現れ、また新しく浮かび上がってきた対象を捉えるために、従来の歴史学では顧みられることのなかった史料の再発見・再評価が活発になり、文学作品を史料として活用しようとする試みも盛んになってきた。

文献史学と称した歴史学は、考古学や民俗学との新しい関係を築くことを求められているが、遺跡発掘や、絵画・彫刻の調査の技術の進歩、芸能や風俗に関する資料の集積によって、文献以外の史料から読み取ることのできる情報は飛躍的に増大し、精度を増してきた。しかし、ことばというものによって構築され、文字によって伝えられた文学作品には、その中にこめられているものの複雑さにおいて、他の史料と同列に論ずるわけにはいかないものがある。歴史研究の史料として文学作品を活用するということは、そうした文学作品が持っている曖昧さ・多義性をどのように読むかという問題につながっているわけである。

それはともかく、伝統的な国文学の文学観の見直しは徐々に進み、近年の日本文学研究は、かつての常識でいえば文学作品とは考えられなかったものを対象にしているかの観があるが、現段階では新しい文学観が明確な姿を見せるには至っていない。他方、歴史研究の大きな変化の中で新しい史料論の模索が続いており、史料として文学作品をどう考えるかという問題は、研究史的に見ても過渡的な状況の中にあるといわねばならない。

3　史料としてのあり方

さて、文学作品の中には、『平家物語』や各時代の「歌謡」のように、語りや謡い、つまり音声で伝えられることばの問題を別にしてはその特質を理解できないものも少なくないが、一般的にいえば、作品は文字で表記されたものとして伝えられ、文字を読むという行為を通じて享受されてきた。歴史研究者が文学作品を史料として見る場合も当然、作品の中から論議に必要な文字を検索することになる。

歴史研究の中で取り沙汰される文字史料というと、土器や瓦に書かれた文字に始まり、建築物の板の裏や彫刻の台座などに書き入れられた文字もあり、金石文・古文書から、古記録・典籍まで、さまざまな形のものがある。研究者は、遺跡・遺物・伝承などさまざまな資料の中で特に文字史料を重んじ、それに拠って史実を確かめ、歴史像を組み立ててきたわけであるが、その場合、歴史研究と文字史料との関わりを見ながら史料としての文学作品のあり方を考えると、いくつかの段階があるように思われる。

まずはじめに、土器や瓦の文字から土器や瓦の作者や所有者を推測したり、建築物や仏像に書かれた文字からその造立の経過の一端を考えたりする場合が挙げられる。この場合、文字は何かの図柄と同様にあることを示す記号にすぎず、人名や地名、官衙(かんが)や寺の名、官職などを伝えてはいても、それ以上の意味を持っているわけではない。文学作品の中から人名や地名をはじめさまざまな事物の名称を検索して、作品が書かれた時点で、ある人物の官職が何であったか、ある建造物はすでにあったか、ある事項は何と呼ばれていたかというようなことを確める例は少なくないが、その場合は作品の中からある文字を取り出すだけであって、土器や瓦の文字の扱いと異ならず、その史料を文学作品として読むこととは関係がないということになる。

第二は、文学作品には、公的な古文書や古記録には書かれない生活の諸相や風俗・世相などが書かれていることが多いので、その中から通過儀礼の諸相を読み取ったり衣食住に関する記述を探したりして、古文書や古記録を補う史料にすることがある。そこでは文学作品が、通史の土台となる生活史や風俗史の史料として用いられることになるが、政治史を中心とする歴史では年代や日付が重んじられるので、そうした日付を持たない文学作品の記述を史料とすることに違和感を持つ研究者は少なくない。

第三に挙げられるのは、文学作品の中に登場する人物や集団の行動・思想を読み取り、公家と武家、武士と町人と農民、東国と西国というような、階層や地域の特性を考えようとする場合である。そこでは、文学作品が史料として重要な役割を与えられているが、研究者は、拠り所とする記述を史料として引用する時、それがあたかも実体を映したものであるかのように扱うことが多い。文学作品には、それを作った作者があり、読者がいて、作者と作品と読者との関係は、簡単に割り切ることができない問題を含んでいる。作者の立場や、作品が意図したものを考慮に入れず、また文学作品として読むことへの配慮を欠いたまま作中のことばや文章を史料として引用してしまうと、浮かび上がってくる歴史像の歪みに気づかず、修正の手立ても持てないことになる。

さらに第四に考えられるのは、文学作品の一部分を史料として引用するのではなく、作品全体が主張しようとしていること、描こうとしていることが何であるかを考えて、歴史の理解を深めようとする場合であろう。個々の事実を究明するための史料だけでなく、政治の大状況や時代思潮・世相などを考えるための史料、およびその取り扱いという問題を考えるならば、『太平記』から読み取ることのできる俯瞰図なしに南北朝時代の錯綜した政治的関係を理解することは困難であり、平安時代中期の貴族社会の精神史的状況は『源氏物語』の「宇治十帖」によって的確に鳥瞰することができるといわれたりするように、文学作品が歴史像を作り上げる上で重要な役割を果たしていることを否定することはできないであろう。史料のそうした役割を考えていくことが、歴史研究の重要な課題になっているわけであるが、それは文学作品を文字史料としてではなく、文学作品として読むことを通じてしか解けない問題であろう。

ところで、文学作品を史料として歴史を論ずる場合に、短い語句を切り取り、数多くの断章をつなぎ合わせながら、時代の状況を再現させるという論述の形式がある。文学史や思想史の論文にはしばしば見られる書法であるが、多くの場合、引用される短い章句は、それが作品の中にあった時に担っていた役割と、論文筆者の思考の中で与えられる役割との間で、危うい綱渡りを強いられることになる。史料として引用される文章は、文学作品の意図を伝えているように見えながら、実際は作品全体のことはおろか、前後の文脈すら理解されていないことも少なくない。文学作品の読みとは何かが問われるわけである。

4 文学作品としての読み

技術の進歩によって、出土した遺物から得られる情報が飛躍的に増大し、美術史研究の進展によって美術作品の解読も目ざましい成果を上げている。文学作品を読むことになぞらえた「絵画を読む」という言い方も盛んであるが、ことばによって構築され、文章というものによって表現される文学には、美術作品とは比較できないほどの曖昧さ、多義性がつきまとっていて、同列に論じるわけにはいかない。文学を読むというのがいかなることであるかは、文学研究の根底に関わる問題であり、近年活発な論議が続けられているものの、二〇世紀の学問ではまだ十分な解明はできていないといわざるをえない。

文学としての読みは、綿密な註釈研究の助けを借りて正しい解釈を得ることができればそれで終わるというものではない。一つの古典をめぐって何世紀にもわたる註釈研究が積み重ねられても、適切な解釈の模索は終わることはない。文学作品を文学として読むということは、読者が作品の世界を体験することであり、読むという体験を通じて読者自身が変わっていくことになる。もともと読者というものが時代により、国によって多様であることを考えれば、作品の解釈に一定の到達点があるわけではないことも明らかであろう。文学作品を史料として用いるためには誤りのない解釈を求めつづけなければならないが、文学作品によって歴史を考えようとする時、問題は作品の中の文章を解釈するということの外にもあるように思われる。

美術作品について考えると、それがどのような所に置かれ、どのような人々によって見られたのかということは、作品解釈の上で重要なことであるが、文学作品となると、ことはいっそう複雑である。文学作品が最初にどのような形で読まれたか、読み手がいて声を出して読んでいくのを聞き手が聞いていたのか、作品はもっぱら黙読されていたのか、という問題は、単なる享受の問題にとどまらない。音声を通じての享受と、文字を辿っての理解とは、作品におけることばのあり方自体に関わってくる。

例えばわれわれは、『平家物語』と『源平盛衰記』のような同系の作品に、もとは語りのために書かれた本と、文字を追っていく読者のために書かれた本という二つのテキストを持っているが、二つの本の中から、文化の基礎であることばについての重要な問題を取り出すことができるであろう。いうまでもなく、それは文学作品を史料とすることによってしか解明できない、歴史の基本問題の一つなのである。

また、同じ話題が『吾妻鏡（あずまかがみ）』と『平家物語』に書かれており、説話にもなって、それを素材にした謡曲が作られ、さまざまな草紙、舞の本や歌舞伎の題材にもなっているというような例は少なくない。文学作品を単に文字史料として見る場合には、どの記述が先でどれが史実に近いか、付加はどのように行われたかという点が明らかになれば、史料としての取り上げ方もきまることになる。しかし、一つの物語が日記体で記録されることと、琵琶法師の語りとして伝えられること、さらに舞台で演じられることとの間に起こる変化は、史実から離れた架空の作りごとが発展していくという問題だけでなく、多様な表現形式の問題としてそれを生み出した歴史の深部につながっており、文学作品を読むということはそういう問題を考えることとも関わっていると思われる。

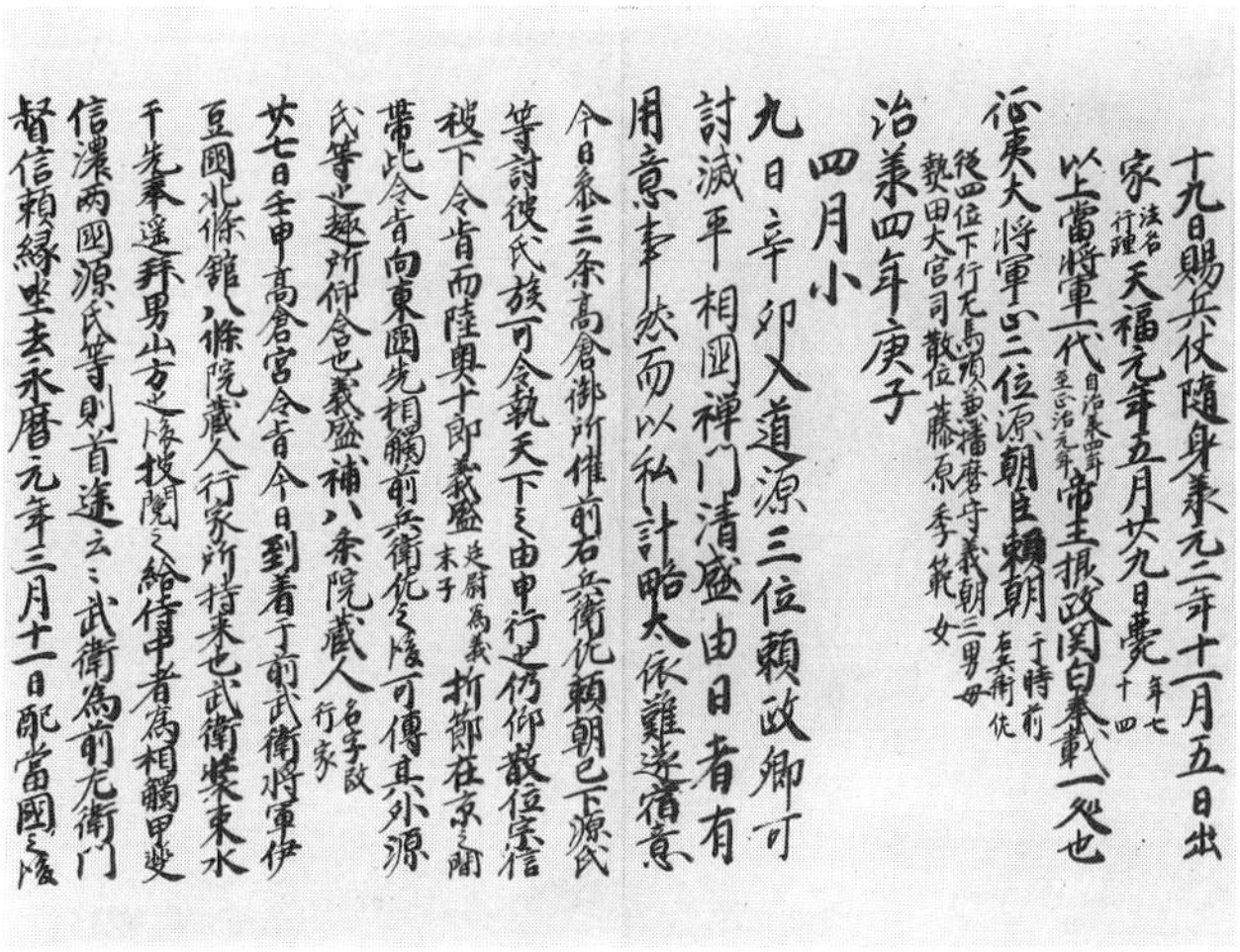
十九日賜兵仗隨身兼元二年十月五日出
家 法名行理 天福元年五月廿九日薨 年七十四
以上當将軍一代 自治承四年至正治元年 帝王摂政関白兼載一処也
征夷大将軍正二位源朝臣頼朝 二子時前右兵衛佐
後四位下行左馬頭兼播磨守義朝三男 母熱田大宮司散位藤原季範女
治承四年庚子
四月小
九日辛卯入道源三位頼政卿可
討滅平相國禅門清盛由日者有
用意事然而以私計略太依難遂素意
今日夜参三条高倉御所催前右兵衛佐頼朝以下源氏
等討彼氏族可令執天下之由申行之仍仰散位宗信
被下令旨而陸奥十郎義盛 廷尉為義末子 折節在京之間
帯此令旨向東国先相觸前兵衛佐之後可傳其外源
氏等之趣所仰含也義盛補八条院蔵人 名字改行家
廿七日壬申高倉宮令旨今日到着于前武衛将軍伊
豆國北條館八條院蔵人行家所持来也武衛装束水
干先奉遥拝男山方之後謹披閲之給侍中者為相觸甲斐
信濃両國源氏等則首途云々武衛為前右衛門
督信頼縁坐去永暦元年三月十一日配当國之後

128 『吾妻鏡』吉川本巻 1（個人蔵）

文学作品を史料として活用するということは、そうしたさまざまな問題を乗り越えることによってはじめて積極的な意味を持ちうるに違いない。新しい視野の下で研究が進展していくためには、文学研究と歴史学研究とがそれぞれ新しい展望の下で問題を提起し、相互にそれを受け止めていくことが必要であろう。

個々の史実を究明するための史料のほかに、時代の状況や歴史の流れとその転換について考えるための資料をも史料と考えることができるとすれば、世の中の移り行きを捉え、それを記述しようとした史書・史論書や、人々の生き方を凝視しそれを描き出すことに成功した文学作品は、歴史像を作り歴史を叙述しようとする場合に重要な役割を果たすことになるであろう。

広く読まれた史書や、時代を経て読み継がれた文学の古典は、ある時代の具体的な条件の中で生きていた人間、さまざまな人間が作った集団、そしてある時代の姿形を、映し取り描き出している。われわれは、史書や文学作品の記述を、人間や社会を理解するための一つの典型として読むことによって、それぞれの歴史像を作る手がかりにする。そして歴史像を構成する個々の史実を明らかにする作業を積み重ねながら、はじめに描いた歴史像を豊かにしたり、修正したりしていくわけである。

広い意味での文学作品は歴史を考えるための出発点となる史料なのであるが、われわれの歴史像は、歴史の研究が始まるはるか前からのさまざまな歴史像の重層と交響の中で成り立っている。そうした歴史像の複雑な性格を読み解き、歴史研究のあり方を考えるのは、二一世紀の歴史学の課題なのではないだろうか。

5　二一世紀の歴史叙述と文学作品

近代の歴史研究は史実を究明する方法を体系化することに始まり、史料の吟味と批判の過程を記述した論文をつぎつぎに生み出した。しかし、個々の史実を明らかにする作業を営々と積み重ねていけば、いつの日にか通史が出現し、忽然として歴史の全体像が見えてくるというわけにはいかないことも明らかになってきた。個々の史実の解明を進め、その精度を増そうとする努力がつづけばつづくほど、その結果として通史は個々の微細な史実に解体され、歴史の研究は歴史を叙述することから遠ざかってきた。

歴史の書き方には何か歴史書としてのきまりがあるわけではない。ある時代には叙事詩の形で、ある時代には物語の形で、また劇の形式で表現されたこともあり、近代では小説という形式の影響を受けた書き方が多くの読者に迎えられるというように、歴史は実に多様な方法で書かれてきた。ことばと文字による表現形式を広い意味で文学と考えるならば、歴史叙述と文学とは不可分の関係にあるといってよい。文学作品は歴史の史料としてあるだけでなく、歴史そのものと深いつながりを持つものであり、文学作品を読みそこに書かれていることを体験することができれば、それは歴史を読むことでもある、ということになるのではないだろうか。

欧米の歴史研究者の間では、文学と歴史との関係をめぐって活発な議論がつづけられており、それに学ぶべきところは少なくない。しかし、われわれは豊かな文学史を持っていながら、文学を狂言綺語の戯れ、色好みの賛美と考えたりする仏教や儒教の文学観から、未だに解放されていない部分を背負っているといわざるをえない。欧米の新しい歴史学に倣う前に伝統的な文学観を克服し、日本の文学作品のあり方を見据える努力を積み重ねる中でしか、「史料としての文学作品」を考える道は見えてこないのではないだろうか。

参考・参照文献一覧

大隅和雄「史書の読み方」『中世思想史への構想』名著刊行会、一九八四年。

西郷信綱『古典の影――学問の危機について』平凡社ライブラリー、一九九五年。

シャルチエ、ロジェ（二宮宏之訳）「表象としての世界」、二宮宏之編『歴史・文化・表象――アナール派と歴史人類学』岩波書店、一九九二年。

ラカプラ、ドミニク（前川格訳）『歴史と批評』平凡社テオリア叢書、一九八九年。

あとがき

一九九六年の初夏、私は、放送大学教授の青木和夫氏に呼び出され、現在放送されている尾藤正英氏の「日本文化論」が、来年度で終わりになるので、そのあと日本文化史の講義を引き受けてくれないかといわれた。放送大学の講義は、一科目一週一コマ四五分、一五回でまとまりをつける。テレビとラジオのいずれかを選んで、前期と後期、夏休み中の集中講義と、年三回放送され、一つの講義は四年で終わることになっているので、尾藤氏の後をということだった。

私は、中世の文学・思想・宗教などに関する問題を考えてきたので、政治史や経済史ではなく、文化史を専攻しているといえないことはないが、古代から近現代まで通して講義する準備は全くなく、公開の電波に乗せて話をするなど自信がないと繰り返して辞退したが、学部学生の時、研究室の助手だった青木氏にはいろいろお世話になり、その後も何かと助言を乞うことが多かったので、結局、青木氏の話を断りきれなかった。

引き受けたら早速、「日本の思想と文化」一五回の講義案を立てなければならない。ことばだけのラジオより、文化財の写真、祭礼や舞台の動画などに助けられての講義の方が楽だろうと思って、テレビにしたが、そうすると一五回分のテレビ画面の構成も考えながら、話の進め方を検討することになる。何とかはじめ三回分の案を作って、ＮＨＫエデュケーショナルで、放送大学の担当者に会い、四五分の映像を作るための資料の準備の仕方と、放送画像撮影の手順の説明を聞いた。

撮影は幕張の放送大学のスタジオで行われたが、前もって渋谷での打ち合わせをもとに作られたシナリオの通りに、係りの人達に取り囲まれて、リハーサルののち本番の撮影が行われた。午前中に一コマ、午後に一コマのビデオを作ったが、不慣れな私は、脇から指示を出されてもその通りにできず、時間を越えてしまったり、早く終わってしまったりして、部分的な撮り直しを重ね、親切な技術の人達に迷惑をかけてばかりだった。幕張に八回出かけて、何とか一九九七年の暮れには、ビデオ作りの仕事は終わったが、それに加えて、四月に放送が始まる前に、聴講者に配布する放送教材の原稿を書くことが大変な仕事だった。

カメラの前で、テキストを読み上げる形で講義を進める人も多く、その場合は進行時間に合わせやすいのだが、私はテレビの講義とは別に、一回ごとの講義の主旨を記述する形でテキストを作りたかった。取りかかってはみたものの、古代から現代までの準備などあるはずもなく、引き受けたことを後悔しながら、放送大学教育振興会の編集の人に散々迷惑をかけて、辛うじて期日に間に合わせることができた。

「日本の思想と文化」は放送大学の都合で一年延長して二〇〇三年三月まで一五回放送された。終わってしばらくして、吉川弘文館の大岩由明さんから、テキストに少し手を入れて、同社のシリーズ

「歴史文化ライブラリー」の一冊にしないかと勧められた。書き込みをしやすいようにと、拡大コピーしたテキストを渡されたので、読み直してみたが、このままでは到底日本文化史の一冊というわけにはいかないと思わざるをえなかった。

まず、縄文・弥生・古墳時代の文化について、一言も触れず、「神々の祭りと日本神話」から始めて、「仏教の伝来と受容」へとつづけていること。また、「おもろさうし」をはじめとする沖縄の文化、アイヌの「ユーカラ」も取り上げなければならないし、近代は取り上げることが多すぎるので居直って、目配りを忘れてはならないのに省かれてしまうことの多い「日本中心の思想」と「近代日本の諸宗教」の二項目だけですませているので、改めて考え直さなければならない。

私は、もう少し整った日本文化史講義をしたいと考えて、一〇年余り続けていた朝日カルチャーセンターで、一年間「日本文化史」という題で話をした。縄文・弥生の文化と、近年の考古学の研究成果について説明し、近世の思想史と文化史について勉強し、近代は文学を柱にして、文化史の流れを説明しようと努めた。また、古代・中世では外来と土着の関係で考えたことを、近代では欧米からの受容によって形成された上位の文化と、近世の文化を受け継いだ大衆の文化という視点で捉えてみたいと思った。

毎回教室で配った講義の要項は残ったが、それを原稿にするのは容易に進まず、大岩さんから、放送大学のテキストは、一コマ四五分、一五回で日本文化史を語った記録として残すことにして、「日本文化史講義」という題の本を作ることにしましょう。書き改めは別に考えてくださいといわれ、前に書いた文化史に関する二篇の論考を加えて一冊にしようという案を示され、その提案に従うことになった。考えてみれば、私には「日本文化史」という原稿を書く時間はもう残されていないことに気付いた。

そういう次第で、この本のⅠは放送大学校教材『日本の思想と文化』（放送大学教育振興会、一九九八年三月）で、添削を始めれば収拾がつかなくなるので、表記を統一し誤字脱字など最小限の訂正をするにとどめたが、テレビの画面に出した画像や図表のいくつかを挿図にして、放送された時の状況を少し残したいと思った。

Ⅱの「文化史の時代区分」は、もとの題は「文化史時代区分の覚え書」で、『文化史の構想』（吉川弘文館、二〇〇三年三月）に収載された。この論文集は、小原仁・勝浦令子・吉田一彦の三氏の編集になるが、編者は私になっている。

私は一九五〇年ごろ、新制になったばかりの高校生だったが、受験参考書を忌避する見栄を張り、日本史は、出たばかりの坂本太郎『日本史概説』上と、辻善之助『日本文化史』五冊などを読んだ。後者は「文化史」という題名に惹かれて読んだのだが、ルネサンスについての本を熱心に読んだりしていた私は、これが日本文化史なのかと興ざめし、落胆したことが忘れられない。後にこの本は、東京帝国大学文学部の「国史概説」の講義録であることを知って納得したが、「国史概説」が「日本文化史」という書名で出版されたということは、戦後間もないころの歴史学界で、文化史というものが、どのように考えられていたかを表わしているように思った。

大学に入り、国史学科に進学して、思想や文化の歴史に関心を持ったが、戦時中盛んに唱えられていた日本精神文化ということばや、西田直二郎『日本文化史序説』などを思い浮かべて、周りの人に文化史を専攻したいとはいいたくなかった。社会経済史にも、政治史にも深入りすることができなかったが、文化史の方法を考える糸口も見付けることができなかったので、周りの人には思想史を勉強していると称していた。しかし、近世・近代の思想史と違って、中世の思想史の研究方法は見えてこなかったので、日本文学史の論著を読んでいた。私が学生だったころ、文学史の方法を巡る論議は盛んだったが、当時歴史社会学派と呼ばれていた日本文学研究と歴史学の連繋はいつの間にか失われてしまい、とりのこされた私はずっと年をとってから、文化史専攻と名乗るようになった。

そんな下地があって、この文章はさまざまな思いを整理しきれず歯切れが悪い。文化史の時代区分を下部構造の変化発展を基準として考えるのではなく、政治史の時代区分にしたがうのでもなく、文化の歴史の中に基準を見付けたい、文化史に内在する問題で時代区分を考えられないかという思いで書いたのだが、論点を絞ることができず、散漫な覚え書きになった。

Ⅲの「史料としての文学作品」は、『岩波講座日本通史　別巻3　史料論』（岩波書店、一九九五年十二月）に収載された。私は、この文章を書く二年前に、国文学関係の雑誌に載せた文章を集めて、『中世　歴史と文学のあいだ』（吉川弘文館、一九九三年三月）を出していたが、書名の通り、学生の時から国史学と国文学の間で小論を書いていた。

その後も中世の歴史と文学のあいだを彷徨いつづけていたわけだが、西行や『方丈記』、『沙石集』に関心が向いている時期は、自分を少し変わった日本文学研究者だと思い、鎌倉時代の仏教や、慈円と『愚管抄』のことに集中している時期には、中世史研究者の仲間に入っていると思っていた。

そういう訳で、「史料としての文学作品」という論題が、私に与えられたのだと思うが、小論集を作ったあと、改めて自分自身は歴史と文学のあいだの人間であることを自覚していた私は、日本史研究者の間で議論されている「史料論」の動向には疎かった。また、当時さかんに論じられていた絵画史料論に関心はあったものの、絵画を読み、系譜史料や荘園絵図を解読することと、文学作品を読むこととの間には大きな相違があると思わざるをえなかった。

講座日本通史の編者から求められていることを、的確に理解できないままで、書き連ねた文章になったという気がしてならない。

この本の三篇を書いて何年も経って、私はピーター・バーク『文化史とは何か』（長谷川貴彦訳、法政大学出版局、二〇〇八年初版、二〇一〇年増補改訂版）を読んだ。先にこの本を読んでいたら、問題を整理する手掛かりが得られ、もう少し先に進むことができたと思うが、今は二一世紀の日本文化史研究の進展に期待して、冗漫なあとがきを終える。

先述の通り、放送大学教材に文化史に関わる論考二篇を併せたこの本ができたのは、大岩さんのおかげであるが表現や用語を統一し、Ⅰについては、放送のビデオを見て挿絵図を選び、図表を作り、Ⅲに写本の写真を入れることをはじめ、岡庭由佳さんに大変お世話になった。お二人に御礼申し上げたい。

二〇一七年立秋の日

大隅和雄

大隅和雄著

西行・慈円と日本の仏教 遁世思想と中世文化

四六判・二一二〇頁

二三〇〇円

『新古今集』を代表する歌人、西行と慈円。西行の遁世に憧れつつも天台座主にまで登りつめた慈円。仏教の諸宗を学びながら遁世者として生きた無住。これらの僧侶と仏像の歴史を通して、日本独特の仏教史を模索する。

方丈記に人と栖(すみか)の無常を読む

四六判・三〇四頁・原色口絵二頁

三〇〇〇円

世を捨て山里に隠遁した鴨長明は、激動の時代にあって人生や社会の地獄を見た経験と、方丈という小さな建物に託した心の揺れ動きを『方丈記』に記した。諦めや慰めの中で日々を暮らす現代日本人の処世観の源流にせまる。

中世 歴史と文学のあいだ

（歴史文化セレクション）四六判・三一〇頁

二三〇〇円

『平家物語』や『太平記』『沙石集』『神皇正統記』などの古典から、どのような歴史を読み取れるのか。数々の古典は、いかにして中世に現われたのか。文化史の第一人者が、歴史と文学のあいだで模索し続けた感動の書。

（価格は税別）

著者略歴

一九三二年、福岡県に生まれる
一九五五年、東京大学文学部国史学科卒業
現在、東京女子大学名誉教授

〔主要著書〕

『愚管抄を読む』(平凡社、一九八六年、のちに講談社学術文庫、一九九九年)、『中世 歴史と文学のあいだ』(吉川弘文館、一九九三年)、『信心の世界、遁世者の心』(中央公論新社、二〇〇二年)、『方丈記に人と栖の無常を読む』(吉川弘文館、二〇〇四年)、『中世の声と文字』(集英社、二〇一七年)

日本文化史講義

二〇一七年(平成二十九)十一月十日　第一刷発行

著　者　大隅(おおすみ)和雄(かずお)
発行者　吉　川　道　郎
発行所　株式会社 吉川弘文館
郵便番号一一三—〇〇三三
東京都文京区本郷七丁目二番八号
電話〇三—三八一三—九一五一〈代表〉
振替口座〇〇一〇〇—五—二四四番
http://www.yoshikawa-k.co.jp/
印刷＝亜細亜印刷株式会社
製本＝誠製本株式会社
装幀＝清水良洋・宮崎萌美

ISBN978-4-642-08326-3

索　　引

さ　行

た 行

な　行

は　行

ま　行

や　行

ら　行

わ　行